O ABISMO NA HISTÓRIA

ENSAIOS SOBRE O BRASIL EM TEMPOS DE COMISSÃO DA VERDADE

O ABISMO NA HISTÓRIA

ENSAIOS SOBRE O BRASIL EM TEMPOS DE COMISSÃO DA VERDADE

Edson Teles

Grafia atualizada segundo o Acordo Ortográfico da Língua Portuguesa de 1990, que entrou em vigor no Brasil em 2009.

Edição: Haroldo Ceravolo Sereza
Editora assistente: Danielly de Jesus Teles
Editora de livros digitais: Clarissa Bongiovanni
Projeto gráfico, diagramação e capa: Danielly de Jesus Teles
Assistente acadêmica: Bruna Marques
Revisão: Alexandra Colontini
Imagens da capa: *Fotografia de Henrique Parra (junho de 2013).*

CIP-BRASIL. CATALOGAÇÃO NA PUBLICAÇÃO
SINDICATO NACIONAL DOS EDITORES DE LIVROS, RJ

T272a

TELES, EDSON
O abismo na história : ensaios sobre o Brasil em tempos de Comissão da Verdade / edson teles. - 1. ed. - São Paulo : Alameda.
21 cm.

Inclui bibliografia

ISBN 978-85-7939-490-4

1. Comissão Nacional da Verdade (Brasil). 2. Crime político - Inves-tigação - Brasil. 3. Ditadura - Brasil. 4. Ditadura - América do Sul. 5. Brasil - Política e governo - 1964-1985. 6. América do Sul - Política e governo - Séc. XX. I. Título.

17-43234 CDD: 364.1310981
CDU: 343.301(81)

ALAMEDA CASA EDITORIAL
Rua 13 de Maio, 353 – Bela Vista
CEP 01327-000 – São Paulo, SP
Tel. (11) 3012-2403
www.alamedaeditorial.com.br

Naquela mesa ele sentava sempre
E me dizia sempre o que é viver melhor
Naquela mesa ele contava histórias
Que hoje na memória eu guardo e sei de cor
Naquela mesa ele juntava gente
E contava contente o que fez de manhã
E nos seus olhos era tanto brilho
Que mais que seu filho
Eu fiquei seu fã

Naquela Mesa, Sérgio Bittencourt, 1969

Em memória de César Teles

SUMÁRIO

APRESENTAÇÃO

VERTIGEM! ENTRE DOIS ESPELHOS pareados as imagens se multiplicam. Quanto mais nos aproximamos mais o objeto perde seus contornos. Adentramos o indistinto, zona cinzenta, neblina.

Edson Teles faz um corte preciso. Permite-nos um olhar oblíquo, sereno, a partir de sua trajetória. São tantas as inscrições da experiência que a história narrada e refletida vibra por muitos corpos. O deslocamento provocado pelo texto permite outras leituras do nosso presente, move os espelhos levando os fantasmas para outro lugar. Ele interroga a farsa dos "dois demônios" que celebraram um acordo que nunca existiu em torno da Anistia, e argumenta como uma política do possível, disciplinada nos modos de subjetivação produzidos pela transição da ditadura, fragilizam a democracia, tornando-a presa fácil de ações autoritárias.

A montagem de uma política da transição perpetua a imagem do conflito entre os dois demônios, criando um dispositivo de dupla função. De um lado, mantém em operação uma política do possível, em que as ações de um governo democrático não podem ser ousadas, pois há o constante risco de uma desestabilização política. De outro, mantém a guerra suja contra todos os subcidadãos e aqueles que conflitam com as forças dominantes, tratando-os como inimigos de Estado, autorizando que todas as violências institucionais sejam aplicadas sobre movimentos sociais, ativistas, jovens da periferia, população negra, indígenas, entre outros.

Democracia, ditadura, transição, democracia de segurança, democracia autoritária, democracia de efeito moral. Como nomear o regime político contemporâneo? As palavras são escorregadias. Puro dissenso. 1964 foi Golpe! 2016 foi Golpe? Levou anos para alguns setores da sociedade reconhecerem o golpe de Estado que instalou a ditadura no Brasil em 1964. Hoje, a interpretação sobre o golpe institucional encontra-se sob disputa política. O que a palavra golpe é capaz de descrever? A história narrada por Edson supera o jogo binário. A armadilha em que nossa democracia está metida é muito mais grave. Por isso a vertigem. São muitos os golpes produzidos e perpetuados no interior da própria ordem democrática.

Parte do livro é tomada por reflexões sobre a redemocratização e suas reverberações no presente. Mas a tese que ele lança sobre este período produz outras interpretações sobre o processo político atual, graças a uma perspectiva inspirada nas práticas políticas que escapam à lógica de governo e às políticas institucionais da memória e do esquecimento. Seu "método" é um ponto forte do trabalho. Além da investigação empírica, com análise dos detalhes inscritos e apagados nos registros documentais e nos processos institucionais, esta arqueologia se combina à produção de conhecimento situado e corporificado, cuja objetividade é potencializada pela parcialidade assumida.

Na semana em que comecei a ler os manuscritos para escrever esta apresentação fui tocado por duas notícias: a anulação pelo Tribunal de Justiça do Estado de São Paulo (Governo Alckmin) do julgamento do Massacre do Carandiru, inocentando os policiais militares acusados da execução de 111 presos em 1992; a morte na cadeia de um suspeito preso preventivamente pela Polícia Federal, sob ordem do atual Ministro da Justiça (Governo Temer), em decorrência da aplicação inaugural da Lei Anti-terrorismo no Brasil, promulgada pelo Governo Dilma. Vertigem!

Diante do intolerável, o argumento de Edson é preciso. Após tantos anos do fim do regime militar, a questão não é mais se temos uma democracia incompleta, imperfeita, onde nos deparamos com a permanência das estruturas autoritárias no interior de um sistema democrático ainda juvenil. Nosso problema é a própria formação e o modo de operação de um projeto específico de democracia.

Neste caso, a política de transição construiu uma imagem de ruptura, apoiada numa fronteira simbólica com a experiência da ditadura, justamente ali onde os mecanismos autoritários foram capazes de se infiltrar profundamente. Edson descreve como essa continuidade não é uma falha no sistema democrático, mas sim a manifestação de um projeto de democracia baseado num modo de governo no qual as relações entre o democrático e o autoritário, o legal e o ilícito, a segurança e a violência são indistintas. Dessa forma, os mecanismos que permitiriam um golpe institucional estão inscritos nesta ordem democrática, sendo acionados convenientemente em situações oportunas pelas forças dominantes.

Tal abordagem ajuda na compreensão de algumas nuances fundamentais no posicionamento de movimentos sociais e partidos políticos, no campo da própria esquerda, nos últimos 30 anos. Edson descreve como uma forma de governo, com sua lógica de gestão dos riscos à estabilidade e controle sobre as forças sociais que almejam escapar ao jogo da governabilidade, é absorvida e praticada também pelos governos da esquerda. Por isso a incompreensão diante de ativistas e movimentos sociais que acusavam o Estado de práticas típicas da ditadura. Muito antes de militantes do governismo de esquerda denunciarem como golpe a derrubada da presidenta Dilma, aqueles grupos já estavam a gritar é golpe, é golpe! Ou mesmo diante das revoltas de junho 2013, inicialmente protagonizadas por movimentos autônomos e que depois adquiriram composições mais diversas.

Os partidos de esquerda, os governos do PT, parte do sindicalismo e alguns movimentos sociais mais tradicionais, estavam tão capturados pela lógica de governo que foram incapazes de dialogar com aquelas reivindicações que tinham um potencial de radicalização e transformação democrática. Ao tratar tudo como ameaça ao pacto da governabilidade e ao defenderam a ordem institucional negociada sobre a tênue fronteira da política de transição, essa mesma esquerda garantiu as condições de emergência do golpe de governo. Vertigem!

Henrique Parra
Professor do Departamento de Ciências Sociais
da Universidade Federal de São Paulo (Unifesp)

PREFÁCIO

A EMERGÊNCIA DOS SABERES E O BLOQUEIO DAS LUTAS

Há várias formas e meios de se contar uma história. Mas, certamente, as considerações do presente sobre o que se passou é o ponto fundamental para as narrativas. Lutar pelo acesso aos acontecimentos dos anos de ditadura tem sido a imperiosa necessidade dos familiares de mortos e desaparecidos políticos.

Sem saber como seus entes perderam a vida, em alguns casos sem poder enterrar o corpo desaparecido, este coletivo passou o período de transição para a democracia e os anos posteriores, até o presente, em busca da verdade sobre os fatos e a justiça para os responsáveis. Sua única certeza, do ponto de vista político, mas também afetivo, é a de que uma democracia somente se realiza se os direitos à vida, e às informações sobre ela, forem respeitados. Entre o desejo por uma democracia e a ausência de memória e justiça, com a repetição de várias estruturas autoritárias, abriu-se um abismo no conhecimento da história. Quanto mais os anos passavam, quanto mais o Estado declarava estar fazendo o possível pelo desvelar da história, mais se sedimentava a certeza da impunidade e da ausência de justiça.

Com a astúcia própria à lógica de governo, os sucessivos representantes da sociedade trataram de criar mecanismos bifrontes capazes de trazerem algum alívio e esperança aos familiares, ao mesmo passo em que limitavam ou distanciavam o acesso à história. Parecia que o mergulho nestas engrenagens do direito à verdade eram, também, um salto no precipício. A cada momento, tanto mais fundo se transitava em algumas certezas sobre a ditadura, mais distante ficavam as possibilidades de transformação.

É neste contexto, já descrentes da sinceridade do projeto de democracia em curso, mas certos de que "a única luta que se perde é aquela que se abandona", que os familiares e movimentos de direitos humanos propuseram a inclusão da proposta de criação da "Comissão de Verdade e Justiça", no Plano Nacional de Direitos Humanos (PNDH). O trâmite da proposição se iniciou na conferência de Minas Gerais. Entre 2009 e 2010, em um passo da estratégia dos "mecanismos bifrontes", o Executivo incluiu a proposta no PNDH, mas com a exclusão dos termos "justiça" e "repressão política". Era o começo oficial da luta pelo acesso à verdade e à justiça por meio de uma comissão da verdade.

Este livro contém, em formato semelhante a um diário político reflexivo, registros dos primeiros passos, iniciados nos acontecimentos de 2009, até os momentos posteriores à publicação do Relatório Final da Comissão Nacional da Verdade (CNV), em 2015. Por meio de ensaios, em sua grande maioria publicados em blogs, escritos como peças de ativismo político, este livro contém análises pontuais sobre o processo de criação, montagem e funcionamento da CNV, bem como dos eventos políticos marcantes no período. Desta forma, abordamos, sob o olhar da herança autoritária da ditadura e da transição controlada, os mega eventos esportivos, a ação violenta dos agentes do Estado em democracia, o tema da tortura de ontem e de hoje, entre outros acontecimentos.

As lutas em torno do direito à memória e à justiça produziram saberes locais e específicos, em princípio desautorizados pelos conhecimentos científicos e dos especialistas. Muitas vezes, estes saberes específicos foram considerados tão legítimos quanto ingênuos por parte das instituições. Com as lutas e os saberes dos movimentos emergem táticas e vocabulários que sofrerão a tentativa de captura pelo Estado, pelas instituições e pelo regime de produção do conhecimento autorizado. Da confluência e dos choques entre estas camadas autônomas e paralelas, surgiram trabalhos[1] de análises importantes para o tema das heranças da ditadura. Assim, as lutas emergentes, a militância política e a pesquisa acadêmica formam o pano de fundo da produção dos ensaios deste livro.

O material aqui reunido foi dividido em três capítulos. O primeiro, intitulado "O que resta da democracia?", traz ensaios sobre o processo conflituoso entre as demandas por uma comissão da verdade e os encaminhamentos institucionais de sua criação. O nome deste capítulo é uma referência ao trabalho "O que resta da ditadura"[2], o qual, em muitos espaços políticos e acadêmicos, foi interpretado

1 Em meados dos anos 1990 e, depois, nos anos 2000, tivemos os *Dossiês* da Comissão de Familiares (SP: Imesp, 1995 e 2009). No intervalo entre um e outro, da fusão entre os saberes das lutas e os acadêmicos, e sob o impacto da Lei 9.140, surge o livro *Mortos e desaparecidos políticos: reparação ou impunidade?* (Humanitas, 2000), organizado por Janaína Teles. Dentre outros trabalhos, devido ao envolvimento da militância política na luta por memória e justiça, citaria pelo menos três pesquisas acadêmicas: "Dimensões fundamentais da luta pela anistia" (PUC-MG, 2003), tese de doutorado de Heloísa Greco; "Os herdeiros da memória" (USP, 2005) e "Memórias dos cárceres da ditadura" (USP, 2011), respectivamente mestrado e doutorado de Janaína Teles; e, "Brasil e África do Sul: memória política em democracias com herança autoritária" (USP, 2007), minha tese de doutoramento.

2 TELES, Edson e SAFATLE, Vladimir. O que resta da ditadura: a exceção brasileira. São Paulo: Boitempo, 2010.

como postulante da tese de que haveria na democracia uma sobra de estruturas da ditadura, diante das quais se tratava de eliminar o "estranho" ao regime atual para se consolidar o projeto. Como em um cesto de frutas, bastaria retirar as que estivessem podres e teríamos a continuidade do fortalecimento de uma plena democracia. Os anos de governos de esquerda consolidavam esta leitura. Os fatos, contudo, mostraram que não era bem assim. Naquele trabalho, o "resto" se referia a um projeto autoritário de democracia ao qual seria preciso opor um outro modo de se fazer política, um outro modelo de relações e práticas sociais. Ao falar aqui em "restos da democracia", chamamos a atenção para o modo como as estratégias conservadoras vinham sendo articuladas desde sempre. Ainda pior, trazem à tona uma lógica de governo que atuou como dispositivo de controle das lutas e dos movimentos sociais.

A ideia do livro como diário, mobilizando subjetividades e afetos políticos, torna-se mais evidente no segundo capítulo, "A tortura é a razão"[3], no qual se faz o relato e a denúncia da continuidade na prática de tortura. Relaciona-se a iniciativa da família Teles, de processar o coronel Ustra pela pratica de tortura, com acontecimentos de violência do Estado na democracia. A vitória obtida neste processo rendeu a única condenação individual, na justiça brasileira, de um torturador da ditadura. É, também, o capítulo de memórias dos anos de violência política acessados pelos relatos das prisões. Destaco o meu depoimento público, realizado na Comissão da Verdade "Rubens Paiva", do Estado de São Paulo.

No terceiro capítulo, intitulado "Democracia de segurança nacional", há o esboço de uma análise do atual projeto de democracia

---

3 Título inspirado no texto, de Michel Foucault, crítico ao poder disciplinar. Cf. A tortura é a razão. In: *Ditos e escritos: segurança, penalidade e prisão.* MOTTA, Manoel Barros da (Org.). Rio de Janeiro: Forense Universitária, 2012. v. 8, p. 104-112.

enquanto modelo de um governo de segurança e controle. O termo "segurança nacional" remete ao período ditatorial, mas os ensaios procuram mostrar como esta lógica de governo se opera a partir de escolhas e estratégias montadas no presente. Abordamos as manifestações de junho de 2013, a lei anti terror, o tema da militarização da segurança pública e outros movimentos ocorridos durante o período de funcionamento da CNV. A ideia central é a de que uma comissão da verdade, diante das lutas políticas do presente, poderia ter desempenhado um papel ativo na defesa das demandas populares e na denúncia das estratégias autoritárias.

Finalizamos o livro com dois textos fragmentos sobre o golpe institucional contra a presidenta eleita Dilma Roussef. Momento extemporâneo ao processo histórico da CNV, ele expôs com veemência a crítica que vinha sendo construída nos anos anteriores e reunidas nestes ensaios. Falamos sobre as estruturas de estado de exceção presentes na democracia, bem como da lógica de controle dissimulado, porém efetivo, nos dispositivos de governo em funcionamento há tempos. São duas as proposições principais dos fragmentos incluídos: a primeira, diz respeito à ideia de um processo de golpe ativo, pelo menos, desde junho de 2013, culminando com a destituição de Dilma Roussef; e, a segunda proposição, é a de que este golpe, tal como o de 1964, teve entre seus principais objetivos o bloqueio, ou a eliminação, da capacidade de transformação dos movimentos sociais e das lutas populares.

Aproveito esta apresentação para agradecer, especialmente, aos blogs da *Boitempo* e da *Carta Maior*, espaços onde foram originalmente publicados a maior parte destes ensaios. Todos os textos sofreram modificações para a atual edição, mas têm origem no debate aquecido pelo modelo de experimentação do presente, como são os *posts*.

A produção destes relatos reflexivos foi possível graças às várias parcerias durante o período abordado. Destaco algumas experiências coletivas fundamentais: os encontros nos congressos da Latin American Studies Association, com os quais partilhei os primeiros esboços de elaboração das ideias aqui contidas e pude acessar as críticas aos processos políticos semelhantes, como os da Argentina, do Chile e do Uruguai. Nas ruas de São Paulo, durante as manifestações contra o aumento das tarifas, em 2013, quando se sedimenta a análise da lógica de governo em contraste com a dos movimentos sociais. O grupo de estudos e a troca de vivências políticas e acadêmicas no Núcleo de Filosofia e Política (FiloPol/Unifesp). Os debates em sala de aula, com alunos dos cursos de graduação e Pós Graduação em Filosofia, da Universidade Federal de São Paulo. Neste mesmo ambiente, houve ainda uma experiência especial, a qual chamamos de "Leituras do Fora", fundamental para o deslocamento na prática docente e, com isto, a abertura às potências de outras relações institucionais.[4] Mais do que tudo, agradeço às lutadoras da Comissão de Familiares de Mortos e Desaparecidos Políticos da Ditadura, com as quais aprendi a dignidade da luta e a ética das escolhas políticas.

4 O relato desta experiência foi publicado em TELES, Edson, CRUZ, F. M. e PARRA, H. A busca de um comum e o tempo em que nada acontece. In: *Cadernos de Subjetividade*, número 18. São Paulo: PUC, 2015, p. 121-132.

O QUE RESTA DA DEMOCRACIA?

DO QUE O BRASIL TEM MEDO?

No fim de 2009, iniciaram-se os debates acerca da proposta de criação de uma Comissão da Verdade, cujo objetivo central seria a apuração dos crimes cometidos pelo Estado brasileiro durante a ditadura militar. A proposta, inserida em meio a outros tantos temas da terceira edição do Programa Nacional de Direitos Humanos (PNDH III), sofreu a pronta oposição das Forças Armadas.[1] Representados

1 Nos dias 11 e 12 de setembro de 2008 realizou-se a 3ª Conferência Estadual de Direitos Humanos de Minas Gerais. Em seu documento final, por proposição dos movimentos de direito à memória e à verdade, foi incluída a indicação de criação da "Comissão Nacional de Verdade e Justiça". Referendada pela 11ª Conferência Nacional de Direitos Humanos (Brasília, dezembro de 2008), o termo "justiça" foi retirado do Plano Nacional de Direitos Huma-

pelo Ministro da Defesa, Nelson Jobim, os militares alegaram que uma apuração legítima teria de incluir os crimes da esquerda armada. Dentre os objetivos referentes ao direito à memória e à verdade contidos no PNDH III foram as diretrizes 23 e 25 as que mais incitaram críticas. Na primeira, a 23, o texto dizia: "promover a apuração e o esclarecimento público das violações de Direitos Humanos praticadas no contexto da repressão política"; na segunda diretriz contestada, a 25, lia-se: "suprimir do ordenamento jurídico brasileiro eventuais normas remanescentes de períodos de exceção".

Após superficial e barulhenta discussão pública, o Presidente Lula assinou um novo decreto no qual suprimiu os termos "repressão política". Adotou-se a estratégia de deixar para o Congresso Nacional a tarefa de analisar e decidir sobre a proposta na forma de um projeto de lei enviado pelo Executivo. Não havia, deste modo, desde a primeira redação autorizada pelo Executivo, qualquer referência direta à violência praticada pelo Estado.

Mas o que significou a exclusão das palavras "repressão política" do decreto?

Há uma série de questões envolvidas nas ambiguidades das políticas de memória do estado democrático. Sabemos que as decisões foram tomadas sempre de modo velado e silencioso, sem que se soubesse ao certo o que tanto discutiam o Presidente, o Ministro da Defesa e o Secretário Nacional de Direitos Humanos em meio à crise.

---

nos, sem aviso aos movimentos sociais e atores partícipes da 11ª Conferência, em algum momento antes de sua publicação via decreto presidencial, em dezembro de 2009. Esta exclusão se deu sob a responsabilidade de redação da Secretaria Especial de Direitos Humanos. Ainda em 10 de janeiro de 2010, após pressão veiculada pelas grandes mídias, com a amplificação das críticas das Forças Armadas (houve protesto da Igreja, dos latifundiários e da grande mídia contra outros itens do PNDH III), foi assinado um novo decreto com a substituição do termo "repressão política" por "conflito social". Corroborava-se a tentativa de igualar agentes do Estado violadores de direitos com os resistentes à ditadura.

Não nos propomos aqui a dar um quadro completo do problema, mesmo porque seria impossível diante de tamanho segredo. Porém, há aspectos históricos e políticos da transição da ditadura para a democracia que nos oferecem algumas chaves de compreensão.

Para tentarmos entender algo sobre este fenômeno propomos a volta ao pouco debatido processo de transição entre a ditadura e a democracia. Iniciada ainda em meados dos anos 1970, com a *Abertura lenta, gradual e segura* conduzida pelo governo do general Geisel, teve como oposição a campanha pela *Anistia Ampla, Geral e Irrestrita* coordenada pelos comitês brasileiros pela anistia (CBA).

Os governos militares, a partir de 1974, empreendem as primeiras medidas para garantirem uma transição controlada. Este foi o ano no qual mais opositores assassinados tiveram seus corpos desaparecidos.[2] Com o projeto de *Abertura* não bastava sequestrar e matar, mas era preciso não deixar provas dos crimes. Os últimos suspiros da luta armada foram completamente aniquilados e mesmo as organizações de esquerda que não optaram por esta via foram alvos da política de extermínio.

Do ponto de vista das instituições, em 1977, decreta-se o *Pacote de Abril*, cujo ato tem como principal medida o fechamento do Congresso. Fica instituído o mandato de seis anos para as futuras eleições a governador e a garantia dos senadores biônicos (indicados pelo general presidente), visando antecipar o processo sucessório dos militares aos civis. No ano seguinte, parte do AI-5 (Ato Institucional

2 Cf. Comissão de Familiares de Mortos e Desaparecidos na Ditadura. *Dossiê Ditadura*. São Paulo: Imprensa Oficial, 2009. Houve, por ano: 09 desaparecidos (1970); 15 (1971); 21 (1972); 48 (1973); 50 (1974); 08 (1975). Os dados consideram os anos anteriores ao início da *Abertura*, contando somente os desaparecidos (não cestão computados os mortos, pois a ideia foi destacar a política de ocultação de provas, tendo em vista um processo próximo de transição). Para se ter uma visão clara sobre a mudança na política repressiva, em 1970 houve 23 mortes (com 09 desaparecidos) e, em 1974, 05 mortes (frente a 50 desaparecidos).

número 5, de 1968) passa a integrar a Lei de Segurança Nacional (LSN, vigente até hoje e utilizada contra ativistas das manifestações de junho de 2013). Ironicamente retoma-se o *habeas corpus* (suspenso em 1968) no momento em que há um grande número de corpos desaparecidos. Estavam criadas as condições para se negociar a transição com as novas forças que comporiam a democracia.

Os familiares de presos políticos e movimentos de direitos humanos lançam a campanha nacional pela *Anistia Ampla, Geral e Irrestrita*, com a demanda não só pela libertação de todos os presos políticos, como também a volta dos exilados e banidos, a apuração das circunstâncias das mortes dos opositores, a localização dos desaparecidos e a punição aos responsáveis. Foi uma das maiores mobilizações de oposição à ditadura, tendo recepção nos mais variados segmentos sociais e políticos.

O governo militar do general Figueiredo enviou um projeto de anistia ao Congresso Nacional, sob a chancela da "reconciliação da família brasileira" e do esquecimento com o suposto objetivo de superação da violência. No contexto de um legislativo de senadores biônicos, sitiado por um governo que estourava bombas em bancas de jornais e sedes de movimentos sociais e que havia, pouco tempo antes, assassinado Vladimir Herzog, Santo Dias e promovido a Chacina da Lapa.[3] A lei aprovada falava em crimes conexos aos atos políticos, claramente visando impor a ambiguidade que permitiria ao regime militar e à futura democracia a leitura de benefício aos "dois lados radicalizados em guerra".

Em contraste com o movimento oposicionista, e visando controlar qualquer risco ao processo de transição, os militares

---

3 Ataque do Exército brasileiro, em dezembro de 1976, contra uma reunião do Comitê Central do Partido Comunista do Brasil, no bairro da Lapa, em São Paulo, que culminou com a chacina de três dirigentes do partido e algumas prisões.

utilizaram-se do discurso dos "dois demônios", cuja tese argumentava sobre a existência de setores radicalizados: os militantes da luta armada e os agentes dos porões da ditadura. Tentava-se igualar a luta de resistência com a barbárie da tortura e dos assassinatos comandados pela cúpula das Forças Armadas. Sob esta lógica, autorizava-se o surgimento da ficção de uma posição de consenso, comprada por setores conservadores da oposição, que supostamente reconheceria a história recente do país, mas prioritariamente com o intuito de superar seus excessos.

Coloca-se em ação a memória vencedora da transição, representante de um consenso ficcional, construído sob o silêncio do pacto pela redemocratização em oposição aos corpos desaparecidos, assassinados e torturados.

Replica-se a ideia dos "dois demônios", em democracia, com a leitura de ainda ocorrer um conflito entre a memória das vítimas, revanchista e que tudo quer lembrar, e a dos militares, agressiva e adepta do esquecimento da violência do Estado. Ora mobilizando um aspecto, o da lembrança, ora outro, o do esquecimento, se constrói o silêncio sobre o passado, com a ausência de escuta dos movimentos sociais. Se a este momento inaugural da democracia somarmos o Colégio Eleitoral e a Constituição de 1988, temos uma ordem em que os crimes da ditadura foram silenciados em favor da consolidação da governabilidade e a participação dos movimentos sociais trocada pela ação de representantes dos novos partidos autorizados pela transição acordada.

Próximo ao fim da ditadura, houve a mobilização do maior movimento político suprapartidário da história recente do país, conhecido como "Diretas Já". Milhões de pessoas em comícios nunca antes vistos foram às praças e ruas, em todo território nacional, exigir uma passagem democrática do regime de violência para o estado de direito. Novamente prevaleceu a negociata, selada por quase todos os partidos, mesmo os de oposição (exceto o Partido dos Trabalhadores)[4], e por segmentos importantes de instituições sociais e da mídia. Ao final, tomou posse como presidente, devido à precoce morte de Tancredo Neves, o ex líder da ARENA (Aliança Renovadora Nacional, partido do governo militar), José Sarney. E, mais uma vez, os sujeitos das lutas sociais foram calados, optando-se por uma saída sem os procedimentos democráticos mínimos. Neste processo, os crimes da ditadura permaneceram impunes.

Se contarmos que a transição durou de 1974 a 1985, temos onze anos de articulação do novo regime. Porém, se considerarmos ainda que o primeiro presidente eleito foi Fernando Collor, em 1989, completaríamos uma das transições mais longas do Ocidente: quinze anos.

Finalizando a transição, negociada entre os principais partidos políticos e o governo militar, tivemos o Congresso constituinte e a aprovação da nova Carta de 1988. A Constituição "cidadã", como foi chamada na época, incluiu uma série de direitos em várias áreas e para diversos novos sujeitos de direitos. Todavia, em alguns aspectos, manteve elementos autoritários construídos durante a ditadura. Especialmente a relação entre militares e civis, ou entre instituições políticas e as Forças Armadas, ficaram quase idênticos à Constituição outorgada em 1967. Nos trabalhos do Congresso constituinte, iniciados em 1986, a Comissão de Organização Eleitoral Partidária e Garantia das Instituições, ficou responsável pela nova estrutura política e pelo papel dos militares e das instituições de segurança pública (sintomaticamente juntaram tudo isto em uma única te-

4 O PT decidiu boicotar as eleições no Colégio Eleitoral. Dos oito deputados da bancada petista, cinco se ausentaram no dia da votação (Djalma Bom, Eduardo Suplicy, Irma Passoni, José Genoino e Luiz Dulce) e três votaram a favor da candidatura da oposição (Bete Mendes, José Eudes e Airton Soares). A divergência levou estes últimos a serem expulsos do partido.

mática). Foi presidida pelo coronel Jarbas Passarinho, ex-ministro dos governos dos generais Costa e Silva, Médici e Figueiredo e signatário de uma das piores e mais sangrentas ações da ditadura, o Ato Institucional número 5 (AI-5). O resultado, inscrito na nova lei maior do país, foi o controle do Exército sobre as forças de segurança pública e a tutela das Forças Armadas sobre os poderes políticos legitimamente instituídos.

Na Constituição de 1988, seu Título V trata "Da defesa do Estado e das Instituições", já indicando a ingerência dos assuntos da defesa do país de agressão externa nas questões do poder político. No artigo 142, a continuidade de uma política militarizada mostra-se clara: "As Forças Armadas destinam-se à defesa da pátria, à garantia dos poderes constitucionais e, por iniciativa de qualquer destes, da lei e da ordem".

Como podem os militares se submeterem aos "poderes constitucionais" (Executivo, Legislativo e Judiciário) e ao mesmo tempo garanti-los?

Em uma democracia o poder não pode ser garantido por quem empunha armas, mas pelo conjunto da sociedade, por meio de eleições, da participação das entidades representativas da sociedade e dos partidos políticos, com a construção de uma esfera pública ativa. Ao instituir as Forças Armadas como garantidoras da lei e da ordem acaba-se por estabelecê-las como um dos poderes políticos.

O fato é que a democracia nasceu sob a suspensão de direitos: os crimes de graves violações de direitos durante a ditadura não foram apurados e o primeiro governo civil foi indicado por um colégio eleitoral de cerca de 500 parlamentares integrantes do Legislativo sitiado pelas leis autoritárias do regime ditatorial. A nova Constituição mantém as polícias militares, a concepção de que segurança pública é contra um inimigo interno – este variando entre 'bandidos', militantes do MST, craqueiros, jovens negros e pobres, vândalos, terroristas, a depender do contexto – e, de modo absurdo, a presença das Forças

Armadas na vida cotidiana do país, seja em sua influência política, seja nos morros cariocas ou em outros espaços civis.

Por incrível que pareça todos os principais passos do estado de direito no tocante às políticas de memória se guiaram pela lógica dos "dois demônios" e da governabilidade. Desta forma, a Lei dos Mortos e Desaparecidos, de 1995, a Comissão de Anistia, de 2002, e a Comissão Nacional da Verdade, de 2012, surgem sob o discurso de "promover a efetiva reconciliação nacional" (como pode ser lido no artigo primeiro da lei de criação da Comissão Nacional da Verdade).

Resta algo da ditadura em nossa democracia que surge na tutela militar da política e expõe uma indistinção entre o democrático e o autoritário. A violência originária de determinado contexto político mantém-se seja nos atos de tortura ainda praticados nas delegacias, seja na suspensão dos atos de justiça contida no simbolismo da anistia.

Fica a pergunta: será que a impunidade dos torturadores de ontem é um assunto exclusivo do ordenamento jurídico ou há também, neste caso, uma indistinção entre direito e política que tende a incluir um elemento autoritário nas relações democráticas?

A memória dos anos de repressão política, por terem sido silenciados nos debates da transição, delimita um lugar inaugural de determinada política e cria valores herdados na cultura que permanecem no cotidiano.

Se alguns países latino americanos se dedicam à criação de novos investimentos em direitos humanos, o Brasil se mantém como modelo de impunidade e mal segue sequer a política da verdade histórica. Houve aqui uma grande ditadura, mas os arquivos militares do regime de exceção não foram abertos e não apuraram as circunstâncias dos crimes de tortura e assassinatos, muito menos a localização dos corpos desaparecidos.

QUAL VERDADE?

A democracia brasileira tem sido marcada pela ausência de justiça. Refiro-me à justiça inscrita nas leis da Constituição Federal e recomendada pelos tratados internacionais assinados pelo Estado. O país viveu uma impactante ditadura. Seu forte efeito sobre a sociedade pode ser avaliado por características autoritárias e por uma cultura de impunidade entranhados nas relações sociais e políticas. Depois de mais de três décadas do fim dos governos militares nenhum criminoso da ditadura foi penalmente julgado. Mais ainda, após este largo período em que se consolidou um projeto de democracia, o Superior Tribunal Federal confirmou que os crimes de tortura, assassinato e desaparecimento políticos são passíveis de anistia (decisão tomada em maio de 2010 ao se negar o pedido de reinterpretação da Lei de Anistia que abriria perspectivas para os julgamentos).

Entre os meses de setembro e outubro de 2011, o Congresso Nacional apreciou, em regime de urgência urgentíssima, o Projeto de Lei do Executivo que tratava da criação da Comissão Nacional da Verdade (CNV). De modo implícito, a Lei instituía a função de apurar os crimes de graves violações de direitos humanos ocorridos durante a ditadura militar. Contudo, ao ler o texto com um mínimo de atenção, verificou-se que a verdade sobre a violenta repressão durante os governos militares foi astutamente inserida em um falso dilema.

Os acordos de governo impuseram uma comissão da verdade sem ouvir a sociedade, em especial sem dar voz às vítimas e seus familiares e, ressalte-se, por meio de um ato de exceção: a votação em regime de urgência urgentíssima, pelo qual são dispensadas as formalidades regimentais devido ao caráter inadiável ou emergencial do tema em questão. Ora, como poderia ter sido inadiável um assunto que por mais de trinta anos esteve ocultado pelos pactos da transição? Será que após décadas de democracia a sociedade não teria vida política qualificada o suficiente para discutir como abordar a história e suas consequências para o presente? Por que tanta pressa? O que tornou a criação da CNV uma votação inadiável?

É muito provável que a urgentíssima necessidade de aprovação do projeto estivesse vinculada ao problema sobre qual verdade ou quanto dela a CNV iria apurar. A Lei, amplamente anunciada na grande mídia como aceita pelas Forças Armadas, inseriu no seu artigo primeiro sérios bloqueios às potências de uma comissão da verdade.

Vejamos como o texto se inicia: "É criada, no âmbito da Casa Civil da Presidência da República, a Comissão Nacional da Verdade (...)". No Artigo 10º se esclarece o que isto quer dizer: a Comissão da Verdade não terá estrutura, orçamento e funcionamento autônomo em relação ao poder Executivo. Ela dependerá do "suporte técnico, administrativo e financeiro" da Casa Civil. A comissão prevista não teria estruturas independentes para a plena realização de seus trabalhos, devendo submeter-se aos limites da lógica dos acordos palacianos.

Segue o Artigo 1º: a Comissão tem "(...) a finalidade de examinar e esclarecer as graves violações de direitos humanos praticadas (...)". Praticadas por quem? Será que em 2011 já não era evidente para a história a existência de uma grave e violenta ditadura no país? Por que não constou da Lei as palavras "responsável" ou "responsabilidade", termos fundamentais de uma efetiva política de memória?

Retornemos ao texto do Artigo 1º: "(...) praticadas no período fixado no Artigo 8º do *Ato das Disposições Constitucionais Transitórias* (...)". O que será este *Ato*? Seu teor diz: "É concedida anistia aos que, no período de *18 de setembro de 1946* até a *data da promulgação da Constituição* [*ou seja, 1988*], foram atingidos, em decorrência de motivação exclusivamente política, por atos de exceção, institucionais ou complementares (...)" (grifos e comentário nossos). Como assim? A ditadura não foi de 1964 a 1985 (ou 1988, se a referência for a nova Constituição; ou ainda, 1989, se for a primeira eleição direta para presidente)? Então, quais violações de direitos humanos seriam examinadas e esclarecidas no período entre 1946 e 1988? Por que formular com ambiguidades ou tergiversações a definição dos objetos e objetivos da CNV?

Segundo documento do Ministério Público Federal ("Nota Técnica sobre o Projeto de Lei que cria a Comissão Nacional da Verdade", de abril de 2011)[5], "tal enfoque amplia demasiadamente o objeto da Comissão", com "um risco de que a Comissão perca o foco". O documento do Ministério Público informa que o Artigo 8º do Ato é um dispositivo que "estipulou normas diversas (...), pois o resultado final era o mesmo: anistia para perseguidos políticos, independente da natureza da perseguição".

Novamente, parece que o desejo de conhecer a história do país está sendo prejudicado em favor da não condenação dos crimes da ditadura. Desconsiderando a "natureza da perseguição" e das violações. Semelhante a Lei de Anistia de 1979, ao não nomear a responsabilidade, mantendo ambíguo e somente implícito a questão principal dos crimes praticados pelo Estado. Se em 1979 estávamos ainda sob o regime ditatorial e pouco se podia fazer contra esta lógica de controle, em 2012 a apuração dos fatos poderia ser tratada por um outro paradigma que não o da transição.

O Artigo 1º da Lei continua: a Comissão irá "examinar e esclarecer as graves violações de direitos humanos (...) a fim de efetivar o direito à memória e à verdade histórica e promover a *reconciliação nacional*" (grifo nosso). Qual reconciliação? Ainda vivemos o conflito da época da ditadura? O texto da Lei proposto pelo governo e aprovado por voto de lideranças dos partidos no Congresso Nacional diz que os conflitos entre civis e militares ainda existem?

As ambiguidades da Lei, como os fatos seguintes de dificuldades enfrentadas pela CNV puderam comprovar, constituíram

5 Acessado, em setembro de 2016, no sítio: http://www.dhnet.org.br/verdade/mpf_nota_tecnica_pl_7376_2010.pdf.

bloqueios da política e da justiça e demonstraram a ausência ou o pouco acesso dos movimentos e movimentações sociais aos mecanismos de decisão das instituições do estado democrático de direito.

Justiça de transição: transformação ou bloqueio?

Na América Latina a lógica na transição para os governos democráticos foi a da aplicação das leis de anistia fundamentadas na concepção de que houve, nestes países, o conflito entre "dois demônios": por um lado, a violência descontrolada dos militares e seus aliados via aparato de repressão estatal e, do outro, a ação armada dos grupos revolucionários e de resistência. Diante desta leitura os processos de transição no continente adotaram o caminho da impunidade aos criminosos dos regimes ditatoriais, sob a legitimação simbólica de que se anistiou os dois lados e se teria, com isto, promovido a reconciliação dos envolvidos.

Tais políticas de justiça ou de memória tiveram como característica maior, ao mesmo passo em que centram seu discurso no direito e na dignidade das vítimas, o fato de não realizarem plenamente o acesso ao sistema penal dos novos estados de direito. Neste cenário, emergiu um conceito que se convencionou designar por "justiça de transição". Refere-se, em síntese, aos desafios da recuperação de direitos e da instauração de regimes democráticos em momentos de excepcionalidade política nos quais as novas instituições e procedimentos ainda não foram consolidados.

O Brasil é um caso evidente da presença de estados de exceção no processo de transição, o que viria a marcar de modo fundamental a democracia. Em meados dos anos 1980, ao fechar de cortinas da ditadura, o partido do regime militar se dividiu, criou uma instituição palatável à composição da transição e, até hoje, este grupo mantém-se presente nos vários governos constituídos em Brasília. Por outro lado, após ao menos uma década do fim do regime, as vítimas tiveram acesso aos processos reparatórios, por meio das leis de indenização aos familiares de mortos e desaparecidos e a da anistia, com algumas poucas medidas de reconhecimento de sua condição (lugares de memória, publicações, discursos etc.). Porém, não possuem o direito constitucional e dos tratados internacionais de abrir processo penal ou de terem garantidos o acesso à informação constante dos arquivos militares.

As questões levantadas pelos conhecimentos acumulados em torno do discurso da justiça de transição surgem no Brasil, de modo mais claro, já no começo dos anos 1980, ainda sob o regime militar. Um documento importante da luta pela justiça e pela democracia foi o "Dossiê dos Mortos e Desaparecidos" (1984),[6] organizado pelas comissões de familiares das vítimas da ditadura e pelos comitês brasileiros pela anistia. Nele podemos ler as reivindicações durante o período inicial da transição. A reforma do aparato repressivo e autoritário, especialmente as leis, e a punição dos responsáveis pelos crimes da ditadura constituíam o centro da luta política. Ainda estavam quase duas décadas distantes da formulação do saber que produziria a definição da política sobre a justiça em tempos de transição, mas os movimentos sociais já articulavam as mudanças necessárias para a construção do que eles entendiam por democracia. A condição de exceção é percebida pelo fato de estarem vivendo ainda sob uma ditadura.

A localização da exceção no governo militar também se encontra nos objetivos do projeto "Brasil: Nunca Mais" (BNM),[7] publicado em 1985 e produzido por movimentos de direitos humanos e pelas igrejas, sobretudo a católica.

---

6 Cf. Comitê Brasileiro pela Anistia. Dossiê dos Mortos e Desaparecidos. Porto Alegre: Assembleia Legislativa, 1984.

7 Cf. Arquidiocese de São Paulo. *Brasil: Nunca Mais.* Petrópolis: Vozes, 1985.

Começa-se a pensar a volta à democracia tendo em vista as dificuldades do acesso pleno à justiça e, inclusive, problematizando experiências anteriores de saída de regimes autoritários ou totalitários. Diz o BNM: "não é intenção do Projeto organizar um sistema de provas para apresentação em qualquer Nuremberg brasileiro".[8] Dentre as proposições do documento podemos observar questões centrais de uma episteme que trata do período excepcional da transição, apresentando ideias em torno da reconciliação, da verdade e da reforma das instituições.

Não é possível, nos parece, dizer que há diferenças profundas nos dois documentos citados acima. Porém, algumas ênfases recaem sobre pontos levemente diferenciados. No texto das comissões de familiares há uma enfática demanda por atos de justiça penal ("responsabilização de todos os envolvidos"), enquanto no Projeto BNM há o enfoque na "superação do autoritarismo" visando construir "instituições democráticas" sem os "sentimentos de vingança".[9] Inicia-se a produção de um conhecimento sobre os períodos de transição fundamentado no contexto brasileiro.

No começo dos anos 1990 foi identificada a Vala Clandestina do Cemitério de Perus, local onde os órgãos de repressão política escondiam os corpos torturados e assassinados nas dependências da polícia ou das Forças Armadas. Uma Comissão Parlamentar de Inquérito foi instalada na Câmara Municipal de São Paulo para apurar e desvendar este lugar de ocultamento da violência do regime militar. Apesar de ser uma instituição do Estado (o legislativo municipal), foi forte a presença dos movimentos de vítimas e de seus familiares, o que pode ser notado no texto de apresentação do Relatório da CPI: "sabíamos que haveria resistência daqueles que, após a ditadura, continuaram

8 *Ibidem*, p. 26.

9 *Ibidem*, p. 26.

a esconder-se atrás da Lei da Anistia, sem que seus crimes fossem julgados, ou sequer apontados".[10] O tema da transição, como uma espécie de momento provisório, mas também enquanto limite para a ação transformadora do passado recente, surge de modo explícito.

Alude-se à "fragilidade dos instrumentos" em construção na transição democrática, evidenciando a ideia de que se vivia um momento de exceção no início dos anos 90, mesmo após a promulgação da nova Constituição (1988) e das eleições diretas para um presidente civil (1989). O trabalho da CPI da Vala de Perus foi um primeiro momento de confluência entre os movimentos de direitos humanos e o Estado.

Após esta CPI, os familiares começam a montar o "Dossiê dos Mortos e Desaparecidos Políticos a partir de 1964",[11] atualizando o número e a biografia das vítimas fatais da ditadura. Com clareza de seu lugar no contexto brasileiro, o "Dossiê" assume a "teimosia" própria dos "movimentos sociais populares" "que recusam as normas pré-estabelecidas e instituídas e que procuram de certa forma construir outros modos de subjetividades".[12] A aproximação entre estado e movimentos é percebida pelas entidades de familiares, que anunciam o trabalho conjunto, mas com marcantes diferenças em relação à lógica de governo. Tal lógica, ao mesmo passo que começa a criar políticas para a questão dos crimes da ditadura, também consolida bloqueios para o esclarecimento da verdade e a apuração da responsabilidade penal.

---

10 CALIGIURI FILHO, Júlio César e outros. *Onde estão? Relatório da Comissão Parlamentar de Inquérito que investigou a vala clandestina no Cemitério Dom Bosco, em Perus, e os desaparecidos políticos.* São Paulo: Câmara Municipal de São Paulo, 1992, p. 7.

11 Comissão de Familiares de Mortos e Desaparecidos Políticos e Instituto de Estudos da Violência do Estado. *Dossiê dos mortos e desaparecidos políticos a partir de 1964.* Prefácio D. Paulo Evaristo Arns. São Paulo: Imesp, 1996.

12 *Ibidem*, p. 25.

A pressão social e dos familiares sobre o governo leva o presidente Fernando Henrique Cardoso a sancionar a Lei 9.140, de dezembro de 1995, a qual reconhece como mortas as pessoas desaparecidas por motivos políticos e concede indenização às famílias das vítimas fatais da ditadura. Por parte do Estado se fortalece o discurso pacifista e da reconciliação, contribuindo para a construção de uma interpretação da transição como um conflito não acabado e de embate entre dois lados radicalizados. Diz a Lei, em seu artigo 2º.: "a aplicação das disposições desta Lei e todos os seus efeitos orientar-se-ão pelo princípio de reconciliação e de pacificação nacional".

Em 2002, ao fim do segundo mandato do governo Fernando Henrique, primeiro por medida provisória e depois com aprovação do Congresso Nacional, foi criada a Comissão de Anistia, ampliando a indenização aos perseguidos políticos do aparelho repressivo do regime militar. Configurando-se como um passo importante no reconhecimento das graves violações de direitos cometidas, a Lei, contudo, somente trata da indenização pecuniária, sem aludir à dignidade das vítimas ou a uma reparação social e simbólica. Sequer utiliza os termos "vítimas" ou "perseguidos" em seu texto.

A Comissão da Anistia seria a primeira instituição do Estado brasileiro a assumir e compilar o discurso da justiça de transição. Apesar de trazer o tema da justiça e, publicamente, defender a apuração dos crimes, tal instituição adotou, legitimado pelo discurso da justiça de transição, um foco principal no vocabulário de um processo de reconciliação e de pacificação. Nos ofícios emitidos pela Comissão, com os votos de deferimento ou não de pedidos de indenização, lê-se: "anistia, a comissão da paz!". Ligada ao Ministério da Justiça, a instituição passa a estabelecer, em seus procedimentos e instrumentos, o discurso do conhecimento verdadeiro sobre "o modelo transicional brasileiro".[13]

13 Comissão de Anistia do Ministério da Justiça. *Relatório Anual da Comissão de Anistia 2010*. Brasília: Ministério da Justiça, 2010, p. 4.

A retórica de um processo de transição permite à instituição afirmar-se como esfera de concretização da consolidação da democracia e de seus mecanismos de justiça, mesmo que o país não tenha concluído um único processo penal e nunca tenha aberto os arquivos militares. Em publicação da Comissão de Anistia, afirma-se, sobre as indenizações concedidas por esta instituição, que "tal processo não apenas *devolve a normalidade* ao sistema jurídico, que tem seu ramo civil fortemente ancorado no princípio de que quem causa dano repara, como, e sobremaneira, permite a *reconciliação moral* do Estado com seus cidadãos" (grifo nosso).[14]

Na lei de criação da Comissão Nacional da Verdade está escrito que esta irá "examinar e esclarecer as graves violações de direitos humanos (...) a fim de efetivar o direito à memória e à verdade histórica e promover a *reconciliação nacional*" (*grifo nosso*). A inclusão do termo "reconciliação" indica uma retórica que alude ao conflito violento vivido na ditadura e que funciona hoje, após cerca de 40 anos dos fatos, mais como um bloqueio limitante à possibilidade de uma atuação em conjunto com os atos de justiça e de esclarecimento da responsabilidade penal e política.

Sob as mesmas condições que permitiram a setores da sociedade elaborarem demandas por justiça com proposições próximas das que seriam integradas ao discurso da justiça de transição, setores do Estado democrático, alegando a condição de exceção e de transição, mantiveram a interpretação simbólica dos "dois lados" em conflito durante a ditadura. O pano de fundo para esta linha de ação do governo democrático teria sido o constante risco de desestabilização política, o que justificaria uma política do possível, fundamentada na lógica da governabilidade e na retórica da paz e da reconciliação.

---

14 Comissão de Anistia do Ministério da Justiça. *Revista Anistia Política e Justiça de Transição*. Número 1, jan-jun. Brasília: Ministério da Justiça, 2009, p. 17.

SE NÃO HÁ JUSTIÇA, HÁ ESCRACHO

Durante os conflitos em torno da criação da Comissão Nacional da Verdade pipocaram movimentos de escracho dos torturadores da ditadura em várias cidades. Estas ações trouxeram um elemento novo à luta por memória e justiça: a presença das novas gerações. Alguns eram familiares de vítimas da ditadura; outros, militantes de movimentos sociais ou grupos de esquerda; e, a maioria, pessoas que não viveram aqueles anos e por isto têm outra relação com o tema e seus fantasmas.

Os escrachos são manifestações próximas aos locais de moradia ou trabalho de torturadores e agentes de repressão da ditadura. Seus nomes foram amplamente denunciados nos relatórios de familiares de mortos e desaparecidos e no da CNV, mas suas biografias macabras são pouco conhecidas pela sociedade. E esta foi a principal função dos escrachos, dar publicidade aos crimes, auxiliando em criar um momento crítico na opinião pública e fortalecendo os movimentos em luta por memória e justiça.

Este tipo de manifestação começou na Argentina, durante o ano de 1994, organizada pelo movimento HIJOS (sigla para o nome "Hijos por la Identidad y la Justicia contra el Olvido y el Silencio", integrado essencialmente por filhos ou jovens parentes de mortos e desaparecidos políticos) para denunciar torturadores que haviam sido indultados durante o governo do presidente Carlos Menem. O alvo era o contexto de impunidade e visava a mobilização da opinião pública, bem como a condenação moral dos agentes da repressão.

Hoje, a Argentina tem algumas centenas de condenados e outros tantos sendo processados. Houve uma combinação de movimentos sociais em luta, com ações judiciais internas e na Corte da OEA. Fundamental foi a decisão política dos Kirchner em apoiar, via ação da bancada do governo no Congresso Nacional, as mudanças necessárias nas leis para que o Judiciário se obrigasse a julgar os crimes da ditadura.

No Brasil, com o lema "Se não há justiça, há esculacho popular", dezenas de manifestantes estiveram na porta da casa e no bairro do ex-diretor do Instituto Médico Legal de São Paulo, Harry Shibata. Ele assinou diversos laudos de morte de oposicionistas ao regime militar, corroborando falsas versões. Foi dele o laudo da morte por "suicídio" do jornalista Vladimir Herzog, após ele ter sido preso, torturado e assassinado nas dependências do centro clandestino de repressão do Exército em São Paulo, o DOI-CODI.[15]

Não foi incomum se ouvir, por parte de todos os governos da democracia, argumentos tentando justificar os limites do Estado ao conceder somente indenizações. Esta política de memória sem atos de justiça e sem a localização de corpos dos desaparecidos devia-se, para o discurso governista, às pressões de militares e de setores conservadores, ameaçando a consolidação da democracia.

O argumento do "medo", fantasmagoria de um perigo invisível, forçaria o governo a adotar uma política do possível. Assim, a luta pela justiça em relação aos crimes da ditadura limitava-se ao discurso do direito à memória e à verdade. Foi dentro desta lógica que o Congresso Nacional aprovou o tímido projeto de lei para a instituição da CNV.

Os movimentos de escracho mostraram a importância e a coragem de agir em defesa de uma democracia não tutelada por "forças invisíveis", que estariam sempre prontas a reagir quando os movimentos sociais se mobilizam. O perigo da política de constante recuo é que em algum momento, de fato, a democracia se percebe frágil e entregue às estratégias autoritárias. Os resultados da ação política não

15 Sigla que designou o Destacamento de Operações de Informações - Centro de Operações de Defesa Interna, órgão repressivo do regime ditatorial brasileiro. Instalado na rua Tutoia, em São Paulo, funcionava sob o comando do II Exército. Talvez o mais curioso, sarcástico mesmo, foi os militares adotarem como sigla de um órgão de tortura as letras DOI, como se anunciassem nela a ideia de machucar seus opositores

se decidem somente em Brasília ou nas decisões partidárias. Têm um forte elemento na organização dos movimentos nas ruas e nas artimanhas de uso de suas forças.

O SILÊNCIO COMO UMA POLÍTICA DE MEMÓRIA

No início de seus trabalhos, a Comissão Nacional da Verdade promoveu um momento significante para a memória sobre o período ditatorial e o reconhecimento do impacto político e social da herança autoritária que persiste na democracia. Foi o encontro dos familiares de mortos e desaparecidos políticos e demais perseguidos pela ditadura com os comissionários, em São Paulo, no dia 11 de junho de 2012. O evento marcou uma nova abordagem da responsabilização do Estado sobre os crimes da ditadura e alguma compreensão da herança autoritária assumida pela democracia.

Na reunião da CNV com os familiares, estiveram presentes cinco dos sete membros da Comissão (Gilson Dipp, José Carlos Dias, Maria Rita Kehl, Paulo Sérgio Pinheiro e Rosa Maria Cardoso da Cunha; não compareceram Cláudio Fonteles e José Paulo Cavalcanti) e cerca de 40 parentes de vítimas e perseguidos da ditadura. Não faço aqui um relato da reunião, a qual me pareceu um passo importante de participação dos familiares na pauta dos trabalhos da CNV. Mas chamo a atenção para alguns aspectos que evidenciaram certas relações políticas e o grau de efetivação da democracia. A reunião transcorreu em um clima de respeito e também de cobrança. Os familiares, por um lado, indicaram a esperança de uma nova postura do Estado com a criação da CNV e, por outro, demonstraram a angústia e a ausência de esferas públicas nas quais pudessem, nestes vários anos de democracia, expressar suas demandas e construir as narrativas sobre a experiência vivida.

Houve, depois da entrada de civis no governo e da promulgação da Constituição em 1988, somente dois momentos nos quais o Estado brasileiro reconheceu a responsabilidade pelas graves violações de direitos. O primeiro ocorreu com a Lei 9.140, de 1995, de reconhecimento dos mortos e desaparecidos políticos, autorizando a indenização de seus familiares. Os parentes das vítimas tiveram que entrar com os pedidos de reconhecimento junto ao Executivo e, perversamente, foram obrigados a provar ao Estado que seus entes foram assassinados ou desaparecidos por aquele mesmo Estado. O ônus da prova coube às vítimas.

Os familiares dos desaparecidos, ao final do processo, além da indenização, recebiam um atestado de óbito sem a causa da morte e a data certa do ocorrido. Algo como: "faleceu de acordo com a Lei 9.140/95...", parecendo que os desaparecidos morriam pela segunda vez e novamente sem a presença dos seus corpos. Ou ainda, simbolicamente sua *causa mortis* seria a Lei 9.140.

De certo modo, ao reconhecer a responsabilidade, o Estado democrático desaparecia mais um pouco o corpo de quem resistiu à ditadura. Sem a apuração das circunstâncias do desaparecimento, a localização do corpo e a responsabilização pelo crime, a história do desaparecimento permaneceu velada e esquecida nos arquivos mais escondidos das Forças Armadas. Os quais não foram abertos nem mesmo para a CNV.

No segundo momento de reconhecimento da responsabilidade pelos crimes da ditadura, o Estado brasileiro criou, em 2002, a Comissão de Anistia aos perseguidos políticos. Nascida com a interpretação de que a indenização seria concedida com base nos danos trabalhistas, a responsabilização seguiu uma lógica de discriminação social e de classe. Um dia preso nas dependências da repressão política apresentava, por exemplo, um valor indenizatório diferenciado para um juiz e outro para um operário, mesmo eles tendo sofrido semelhantes violações. Demonstrando ambiguidade e vacilo na política de memória do Estado, a Lei de criação da Comissão de Anistia indicou uma limitação na compreensão de como um Estado democrático deve lidar com as violações de direitos.

Sem dúvida, estas duas leis de reconhecimento e responsabilização do Estado, apesar de seus limites, significaram avanços inclusive para as vítimas. Contudo, e este é o fenômeno que nos interessa, tais atos se inscreveram tanto como políticas de memória, quanto políticas de silêncio. Em ambas, na Comissão de Mortos e Desaparecidos e na Comissão de Anistia, foram raros os momentos em que as vítimas puderam construir narrativas sobre a violência sofrida e o modo como compreendiam a história do país. Em sua última fase, a Comissão de Anistia promoveu "Caravanas" de divulgação das indenizações concedidas e, também, o trabalho terapêutico "Clínicas do Testemunho", iniciativas de importante valor diante da pobre política de memória. Entretanto, foram sempre ações limitadas pelos interesses da lógica de governo e com pouco protagonismo dos sujeitos destes direitos ou dos movimentos sociais envolvidos.

Normalmente, a relação das vítimas se deu por meio de frios papéis de encaminhamento dos pedidos nos quais se inscreviam tentativas de escritas daquilo que não podia ou não devia ser narrado em público. A negação às falas dos que resistiram à ditadura e de seus familiares ficou explícita na construção simbólica de que houve no país uma reconciliação entre dois lados "demoníacos".

Construção negacionista da história de resistência legítima a um estado ditatorial, a qual voltou a ser veiculada no início dos trabalhos da CNV. Na primeira reunião com os familiares, o discurso de negação da repressão política foi categoricamente recusado pelos comissionários, representando positiva sinalização no sentido de desvelar a história do aparato repressivo da ditadura.

Apesar do pouco tempo para a escuta da narrativa dos familiares, houve espaço para o depoimento da Cândida, neta de Heleny Guariba (desaparecida desde 1971), de extrema significância para entendermos qual verdade uma comissão da verdade deveria buscar. Tomo a liberdade de citar parte do conteúdo diante da certeza de que a nova geração, a dos esculachos, das ocupações e das passeatas, expressa o desejo de rompimento com o silêncio imposto por uma transição negociada entre poucos e mantida sob a quase inexistente escuta dos movimentos sociais:

> (...) o Estado não tem o poder de estabelecer ou restituir minha paz familiar, não tem o poder de me reconciliar com aqueles que me oprimem e oprimem a sociedade, aqueles que reprimiram a possibilidade de um avanço social dando o Golpe de 64 e que reprimiram e trucidaram a resistência à ditadura.
>
> (...) o Estado não pode me dar a memória da avó que eu não tive, nem ao meu pai e ao meu tio a memória da mãe que o Estado tirou a vida tão cedo, nem as famílias que perdem seus pais e filhos diariamente na guerra do Estado contra a pobreza, cujo pretexto, no presente momento, é a guerra, há tanto perdida, contra o tráfico de drogas.
>
> (...) minha necessidade não é a de saber nas profundezas de que mares o corpo de minha avó foi parar, minha necessidade de familiar de uma desaparecida política e de cidadã é que o povo saiba o que aconteceu, por que continua acontecendo, quem continua no poder, que sistema tem se repetido e o que significa a impunidade.
>
> *Cândida Guariba*, junho de 2012.

QUANTA VERDADE O PAÍS SUPORTA?

No dia 11 de maio de 2012, após cerca de seis meses de sua aprovação no Congresso, a Presidente Dilma Roussef nomeou os sete membros da Comissão Nacional da Verdade (CNV). De acordo com a Lei que instituiu a Comissão, os comissionários teriam por tarefa "efetivar o direito à memória e à verdade histórica e promover a reconciliação nacional", examinando e esclarecendo "as graves violações de direitos humanos praticadas" no período entre 1946 e 1988. Dois movimentos, por vezes contraditórios e em outros momentos confluentes, se evidenciaram sob o foco deste acontecimento.

O dilema inaugural da CNV ocorreu sob o impacto dos nomes anunciados na grande mídia. Assim, uma maioria de opiniões elogiou os comissionários, ora ponderando sobre o histórico de boa parte, ora enaltecendo a ausência de representantes do "outro lado". De certo modo, a pauta da grande mídia em torno dos nomes mostra a ação do Estado brasileiro, em especial do Executivo, no esforço de governo para alcançar uma composição com o máximo consenso político institucional.

Este primeiro momento permitiu a reflexão sobre uma lógica das democracias contemporâneas: a de governo. Nela há toda uma série de relações de forças em conflito que não podem ser reguladas apenas pelo direito. O ordenamento jurídico inclui em suas letras o que pode ser observado em sua regularidade e repetição. Mas há algo que escapa às séries regulares: a imprevisibilidade da ação política. Não se pode prever o resultado das relações de forças, mobilizações de opinião pública, vulneráveis aos acontecimentos aleatórios e modificáveis pelas constantes alterações na capacidade de luta dos envolvidos.

Os estados de direito se organizam justamente sobre a normatização das práticas sociais e, deste modo, instituem os direitos, as leis e regulam as sociabilidades por meio do ordenamento político jurídico. A ação política, segundo esta ordem, consiste na oposição entre o legal e o ilegal, por meio da criação de leis, da punição ao ilícito e do acionamento de direitos. Esta divisão entre o permitido e o proibido, regrada por uma constituição, é muito antiga. Porém, teve sua legitimidade deteriorada diante de regimes autoritários e ganhou nova relevância com as redemocratizações.

Escapando à oposição legal *versus* ilegal, o modo com que o estado de direito lida com o não regular é através de um cálculo de governo. A governabilidade necessita realizar a conta do que é mais ou menos provável, compondo com as forças mais poderosas e fixando uma média considerada possível, além da qual quase nada será permitido.

A política do possível cria um consenso que, de modo geral, bloqueia os restos resultantes do cálculo. Parece-nos esta a conta do Executivo e do Congresso ao instituir a Comissão Nacional da Verdade: ir até um ponto tal em que as forças em conflito não ameassem a governabilidade do projeto de ordem democrática acordado na transição.

Constata-se, por outro lado, um movimento dissonante e que permite compreender além do possível previsto na governabilidade proposta pela política de memória do Estado. Este outro aspecto lança o olhar sobre os movimentos sociais, cuja mobilização apresenta uma pauta substancialmente diferente, ainda que com algumas confluências com a do Estado e da grande mídia. Estes movimentos concordam com o Estado na criação da CNV. Porém, se observamos as ações de escracho aos torturadores e médicos legistas da ditadura, ou as manifestações públicas pela criação de lugares de memória, há uma questão conflituosa com a pauta do Estado: a exigência de punição dos responsáveis pelas graves violações de direitos humanos durante a ditadura.

Neste contexto, os restos do cálculo de governo são os movimentos sociais, sejam os de familiares e de vítimas diretas do período ditatorial, sejam os dos jovens, muitas vezes articulados com partidos e entidades representativas. No cálculo da política do Estado os restos são computados, mas possuem um valor diferenciado. Por vezes são importantes para legitimar as ações propostas. Em outras oportunidades, especialmente na hora de decidir, são relegados ao segundo plano. Assim, fez-se uso do discurso de justiça em alguns setores das instituições estatais (notadamente nas de direitos humanos), mas nunca foi considerada uma ação a ser conduzida pelo Executivo.

Se a política do possível tem o limite do acordo de governabilidade, para os movimentos sociais surgiu como pauta da CNV a conquista dos atos de justiça e de transformação social e política do país. Digno de nota é que foram os movimentos os defensores da aplicação da lei. Proposição conflituosa com a leitura favorável à impunidade, como o fez o Supremo Tribunal Federal, em 2010, ao fundamentar a interpretação da Lei de Anistia na ideia de um "acordo" construído no fim da ditadura.

Ainda que trabalhando dentro da lógica do legal e do ilegal (ou do justo e do injusto), a grande força dos movimentos em luta é seguramente o aspecto político, aquele que não pôde ser capturado pelas leis. O momento os convidou a entrar no cálculo para propor outra conta na qual a posição dos familiares, dos grupos "tortura nunca mais" e dos novos movimentos de jovens pelo fim da impunidade não sejam considerados restos. Neste sentido, o discurso e a ação dos movimentos sociais problematizaram questões fundamentais para um efetivo trabalho de apuração da verdade.

Os trabalhos da CNV poderiam ter concluído pela reforma das relações entre civis e militares, da estrutura das Forças Armadas e das várias leis de caráter autoritário (por exemplo, a Lei de Segurança Nacional, vigente, com certo verniz democrático, mas com última modificação datada ainda do fim da ditadura, em 1983). Para um trabalho produtivo seria imprescindível a contribuição da sociedade aos questionamentos da CNV. Um trabalho de busca da verdade se organiza em torno de algumas perguntas.

Desta forma funcionaram as principais experiências de comissões da verdade no mundo. Na CONADEP (Comissão Nacional sobre o Desaparecimento de Pessoas, 1983), na Argentina, a questão era onde estavam os desaparecidos. Na Comissão de Reconciliação e Verdade (1996), na África do Sul, a pergunta central era sobre que país poderia surgir do processo de transição.

No Brasil, uma das questões que deveriam ter sido feitas se refere diretamente ao processo de elaboração e aprovação da Lei de Anistia de 1979. Alegam o STF e os atores da governabilidade que, naquele ano, ocorreu um grande acordo nacional em torno da anistia recíproca, válida para os perseguidos políticos da ditadura e, também, para torturadores e assassinos.

É salutar relembrar que, na época, o Congresso Nacional era formado, em boa parte, por parlamentares "biônicos" (nomeados pela ditadura, sem a legitimação do voto popular). Poucos meses antes, vários políticos haviam sido cassados. Em 1977, o Congresso foi fechado e a lei eleitoral e de direitos políticos modificadas por decreto do presidente general de plantão. A censura vigorava, pessoas estavam desaparecidas ou banidas do país e a tortura era a política de governo para os opositores. A CNV poderia ter apurado em que condições se encontrava o país e esclarecer ao Supremo Tribunal Federal e à sociedade a impossibilidade do acordo alegado, criando as condições para que se reinterpretasse a Lei da Anistia sob a luz do esclarecimento histórico.

Outra pergunta que seria interessante para a CNV é se há desaparecidos políticos no país. E não só do ponto de vista prático (ninguém melhor do que os movimentos de familiares para saber que os corpos de seus entes continuam sem sepultura). Mas do ponto de vista jurídico também.

Em um dos processos do Ministério Público Federal, pedindo a abertura de processo contra o coronel Sebastião Curió pelos desaparecimentos de opositores no Araguaia, alegou-se a evidência de que eles já estão mortos e, inclusive, receberam atestado de óbito do Estado, a partir de 1995 (Lei 9.140). Entretanto, estes atestados foram um ato administrativo visando permitir a continuidade da vida de familiares, e somente do ponto de vista civil. Não foram atos de justiça, muitos menos de suspensão do crime de sequestro continuado que configura a cena de um corpo desaparecido. Se o Executivo ou o Congresso Nacional reconhecessem o crime como um ato em andamento (devido à ausência do corpo), então, a pergunta se imporia: quem mantém, via ocultação de arquivos e informações, a condição de desaparecimento forçado destes brasileiros?

O processo de construção da Comissão Nacional da Verdade foi positivo para a luta dos movimentos sociais. Já tivemos alguns exemplos de comissões que ultrapassaram seus limites institucionais devido ao impacto político da verdade por elas apurada. Tivemos também outras em que o limite da lei foi a mordaça suficiente para que a memória reconstruída fosse a de que o crime de Estado pode permanecer impune. Sabemos que a lei que instituiu a CNV não visava a punição dos responsáveis, mas não havia nada nela que a impedisse de preparar historicamente os julgamentos. E mais: evidenciar aquilo que herdamos da ditadura e que a democracia naturalizou sob o manto dos acordos da política do possível.

O relatório da Comissão da Verdade e a batalha das memórias

Dia 10 de dezembro de 2014 foi a data na qual, pela primeira vez, o Estado brasileiro corroborou um documento, ainda que tímido, com um quadro mais consistente das várias e graves violações de direitos humanos ocorridas durante a ditadura militar. Neste dia, a Comissão Nacional da Verdade divulgou seu Relatório Final. Foi preciso transcorrer três décadas entre o fim da ditadura e o Relatório para que as instituições do Estado finalmente fizessem o reconhecimento da violência do período militar. Com todas as suas dificuldades de trabalho, sofrendo de limitações institucionais congênitas e de sabotagem por parte das Forças Armadas e de outros setores do Estado, a CNV fez parte de um processo de lutas mais amplo. Ela registrou em seus trabalhos o choque entre memórias antagônicas que se relacionam diretamente com a política do presente e da democracia.

Após décadas de retorno ao estado de direito se consolidou no país uma democracia de segurança cujo projeto político parece ser a manutenção de uma zona de conforto para determinada aristocracia política e econômica. A ideia de segurança na política democrática se expressa na manutenção de uma ordem na qual pobres, jovens, moradores da periferia, mulheres, negros, manifestantes, constituem subjetividades determinadas para serem contidas e controladas. Autoriza-se para estes segmentos o uso da violência abusiva e discriminatória do Estado. O que vemos é a prática da tortura, do excesso e da agressão dos agentes das forças de segurança pública, dos depósitos de pessoas encarceradas e de um sistema judiciário viciado pela lógica de favorecimento aos proprietários e às elites.

Diante deste quadro, um relatório da CNV que apontasse uma estrutura estatal de repressão e violência no presente, com função clara de proteção à propriedade privada, dos acordos entre as aristocracias políticas e dos grandes grupos econômicos, lançaria luz sobre os conflitos da democracia.

As batalhas de memórias hoje evidenciadas têm uma significação muito mais forte do que a dificultosa escrita da história dos anos 1960 e 1970. Por um lado, há o esperneio dos militares (eles tentaram na Justiça, sem sucesso, a suspensão da publicação do Relatório) e de manifestantes exigindo uma intervenção militar (em movimento com grande espaço na mídia e caminhando junto com os atos da articulação institucional de direita). Por outro lado, tivemos a mobilização de dezenas de comissões da verdade nos vários âmbitos da vida institucional e de manifestantes de movimentos sociais indicando a ligação da violência estatal de ontem com a de hoje.

Os atuais conflitos desenhados como uma disputa entre as vítimas da ditadura e uma direita militarizada e bestializada têm a marca de um simulacro da real batalha. O que de fato parece ter ocorrido no momento de divulgação do Relatório da CNV foi o registro da memória de lutas populares, de suas vitórias e derrotas na resistência a uma sociedade elitizada, discriminatória e violenta que tem no Estado a esfera de manutenção da desigualdade social.

Há uma disputa maior cuja batalha discursiva em torno do Relatório é somente uma ponta evidente. Como em qualquer processo de mudança, a suspensão do percurso ordinário das coisas e fatos desperta condições para o acesso ao que até então se mostrava como impossível. O que se expõe no Relatório da CNV é a coordenação centralizada do esquema repressivo, mostrando um projeto político cujo executor é um Estado violento, estejamos na ditadura ou em um estado de direito.

Obviamente, o regime político democrático difere profundamente da ditadura. Esta grande diferença histórica, proporcionando uma série de direitos, nos permite escancarar o projeto político de democracia cuja maior marca são as estratégias autoritárias. Não é este o projeto dos movimentos sociais e contra ele atuam em resistência.

As instituições tradicionais da política no país já naufragaram no processo de transição e no modelo de democracia de segurança acertada nos pactos entre esta tradição, o Estado e os proprietários do capital. O conflito de fato experimentado é entre, de um lado, as novas possibilidades de ação política de transformação e, de outro, a necessidade de controle e eliminação ou anulação delas.

A CONSTRUÇÃO EM ABISMO DA HISTÓRIA

Mais de cinco décadas após o Golpe Militar de 1964, duas de ditadura e três de democracia, o país viveu a publicização dos trabalhos de apuração do período ditatorial. São os relatórios das comissões da verdade em suas várias instâncias. No dia 12 de março de 2015, foi lançado o Relatório da Comissão da Verdade Rubens Paiva, do Estado de São Paulo. Em pouco mais de dois anos de trabalhos, especialmente focados nos casos de mortos e desaparecidos, a Comissão teve como método principal de reconstituição da história a audição das pessoas que viveram o período.

No material publicado consta as narrativas de sobreviventes, testemunhas, militantes, ex presos políticos, familiares de vítimas, pessoas que eram crianças e adolescentes na época. Centenas de documentos, publicação aberta de livros e a biografia dos mortos e desaparecidos na ditadura estão entre os principais conteúdos do Relatório. O primeiro capítulo se dedica a elencar recomendações para as instituições do estado de direito, sejam para as políticas de memória, sejam para cobrar a ausência de atos de justiça, com a reinterpretação da Lei de Anistia e a punição dos torturadores.

Uma característica forte deste documento é a relação feita entre a repressão e a violência do período ditatorial e a repetição de certa estrutura autoritária na democracia. Os mecanismos de repressão policial, de acobertamento destas ações por parte de outras instituições e a presença de um discurso legitimador da violência do Estado são identificados como estruturas que permanecem em democracia, tendo como alvo principal a população pobre da periferia. No ato de lançamento do Relatório estavam lado a lado familiares das vítimas da ditadura e familiares das vítimas do estado democrático. A Comissão de Familiares de Mortos e Desaparecidos Políticos juntou-se ao movimento Mães de Maio para denunciar a presença de um projeto político autoritário no país.

Apesar do tom de vitória, afinal são estes os anos em que apuramos minimamente o que foi a ditadura militar, percebia-se naquilo que não foi dito a ausência do alívio e da conclusão de elaboração do luto.

Constatou-se que o Estado brasileiro não abriu plenamente seus arquivos e que as informações das Forças Armadas continuam sonegadas ao debate público. Navegando pelas biografias das vítimas fatais da ditadura percebe-se que há versões diferentes para um mesmo indivíduo, ou mesmo dúvidas sobre as circunstâncias de suas mortes. No caso dos desaparecidos políticos, continua em aberto a localização de seus corpos e de suas histórias. Os poucos que foram resgatados das valas clandestinas nas quais a ditadura os lançaram tiveram esta sorte por conta do esforço e da ação exclusiva dos seus familiares. O Estado até agora não localizou ou identificou um único desaparecido. Em todos estes anos não tivemos um único torturador condenado em juízo penal. Poucos foram os processos. A história contada hoje é aquela sem vida, sem presença no fluxo de nossas existências. Correm o sério risco de ficarem empoeiradas nos museus e nas teses acadêmicas.

Os trabalhos das comissões da verdade, as várias instaladas no país desde 2012, configuram-se como construções em abismo.

É como se todo o esforço de apuração tivesse chegado à constatação do vazio da experimentação deste passado recente. Abismo porque quanto mais se lança em direção à chamada verdade, mais se confirma que pouco será desvelado. A memória que se constrói é a do irrealizável acesso às informações determinantes dos acontecimentos. É aquela que a "correlação de forças permitiu".

A avaliação que se extrai é a de que certo projeto político autoritário permanece atuante e segue ainda mais fortalecido. Aos familiares de vítimas da ditadura a construção em abismo vem a corroborar a sensação de que vivem a impossibilidade do luto e de que sua luta terminará apenas com a própria morte de suas existências.

Quanto mais se deslocam no tempo, menos potência temos para fazer daqueles eventos uma experiência. O abismo seria semelhante à cena do anjo de Paul Klee, como observou Walter Benjamin, que sofre o sopro do progresso sendo impedido de acessar as ruínas da história.

Este vazio da experiência torna-se ainda mais concreto nas manifestações alienadas e conservadoras dos últimos anos. Assistir à encenação do discurso de polarização da luta política é, de certo modo, a vitória dos golpes contra a democracia. Quando a história se apresenta fria, sintetizada pelos pactos políticos, sem a pulsação das ruas, é porque a potência da ação política de criar novos caminhos foi golpeada.

Assistir jovens serem espancados e presos pela polícia em manifestações de rua ou ocupações, neste contexto de ocultação da experiência vivida pela geração desaparecida na ditadura, é o sinal de que não há o que comemorar. Estes relatórios servem como ferramentas para a repetição de velhos questionamentos, para os quais mesmo que não se tenha respostas, precisam ser feitos e refeitos.

Neste abismo entre o passado e o futuro é sempre bom lembrar de Hannah Arendt, para quem os "tempos sombrios" podem ser uma abertura para processos criativos.

MORTE E RESSUREIÇÃO DE UM FANTASMA

Assistimos à apresentação do Relatório da Comissão Nacional da Verdade e, posteriormente, de algumas comissões da verdade locais ou de instituições específicas. Nos relatórios das comissões da verdade, nacional e locais, houve a apuração de acontecimentos históricos sem, de modo geral, mobilizar seu potencial de gênese do presente ou os seus efeitos na política democrática.

Alguns relatórios, como o da Comissão da Verdade de São Paulo, foram mais enfáticos em fazer a relação entre momentos políticos aparentemente distintos, como os da ditadura e os da democracia. O que se verificou é que a verdade sobre os desaparecidos políticos, a estrutura de repressão, a venda do país para as grandes empresas, os arquivos militares e outros tantos elementos do projeto político iniciado na ditadura foram minimamente desvendados. O grande esforço e dedicação dos que trabalharam nestas comissões se esvai nas fendas de uma construção política precária.

Quanto mais se caminha em direção à reconstrução deste passado, mais corroboramos com o esquecimento de seus profundos significados ao se apresentar uma história morta e sem corpo. Sim, de certo modo, é isto que se fabricou ao revisitar a história como se ela se encontrasse em um passado que não nos pertence mais – a não ser como herança maldita com a qual a democracia busca romper.

Durante este processo, a morte da história ressurgiu, como normalmente ocorre, na forma do fantasma. Desta vez, o espectro apareceu na mídia como "prova" de uma transição política bem sucedida entre ditadura e democracia. Faleceu o general Leônidas Pires Gonçalves (em junho de 2015), torturador e assassino durante os anos setenta, quando chefiou o Doi-Codi do Rio de Janeiro. Seu nome consta do Relatório da CNV.

No momento de sua morte, a grande mídia rapidamente se esforçou por apresentá-lo como um dos artífices da transição pois, como ministro do Exército do presidente José Sarney, teria garantido a continuidade do processo após a morte de Tancredo Neves. Grande falácia. Com um pouco de pesquisa, qualquer um de nós pode verificar o quanto aquele general, hoje espectro autoritário desta democracia, destruiu cada passo democratizante do país, forçando a aceitação de "pactos e acordos", como o da manutenção da impunidade com base na interpretação da "tese dos dois demônios" inserida na Lei de Anistia.

Ouvir as notícias da morte do general e de sua ressureição enquanto fantasma, nos remete à ideia do impulso do progresso sobre nossas vidas. É como se aquilo que passou já fizesse parte de outro tempo – por isto, é possível contar a história como se ela estivesse morta, ou no máximo como espectro. Trabalhamos com a sensação de que o tempo se apresenta como uma flecha, como nos diz o sociólogo Bruno Latour, sempre em direção única. Deste modo, o acontecido fica para sempre eliminado, contabilizado nos relatórios sociais como acúmulo do progresso.

O problema é que os acontecimentos se misturam e passado e presente se encontram nas ações da polícia nas periferias e nas manifestações de resistência; na posse da terra por parte de grandes empreendimentos capitalistas e predatórios; na crescente diminuição da liberdade de expressão e no bloqueio das políticas de criação de novas formas de agir. E, com isto, se amplificam os conflitos, especialmente com o aumento da violência.

As notícias fabricadas no presente, somadas à tese de que houve no passado um conflito extremo entre forças radicalizadas, exigindo a reconciliação nacional e o pacto da transição, parecem indicar que nos alimentamos desta história fantasmagórica. Mais do que isto, causa a impressão de termos rompido definitivamente com o passado, nos autorizando a construir a história como peça da ruptura, marca dos tempos democráticos em oposição aos maléficos eventos descritos.

Quanto mais se arquiva os tempos da ditadura nos fichários da história, mais se conserva o projeto político experimentado no laboratório autoritário dos anos 60 e 70. Todo relatório de comissões publicado sem a análise e apuração da transição e dos conflitos em democracia, por mais detalhado que tenha sido, depositou em berço esplêndido a tese do nascimento da democracia por ruptura com a ditadura. Estamos, de fato, tão distantes do projeto autoritário "daqueles tempos" como as notícias e os espectros nos fazem acreditar? Seria apenas um resto que vemos quando olhamos para trás? Ou quando assistimos às notícias na Rede Globo?

O passado permanece ou, poderíamos dizer, neste caso, continua. Quando as formas autoritárias de controle da vida e do cotidiano ressurgem de modo mais violento, comenta-se sobre uma herança podre da ditadura deteriorando as instituições da democracia. Se rompemos com o passado e consolidamos um outro regime, distinto do anterior, o "retorno" do passado só pode se apresentar como recalque, espectro, revanchismo. Não será difícil ouvirmos: "é preciso tomar cuidado, as forças conservadoras podem repetir 64, o melhor é defendermos a governabilidade para garantir a democracia duramente conquistada". Engano que momentos posteriores cobraram caro.

Só é possível acreditar nas instituições do estado de direito, na eficácia das leis, nos processos eleitorais e de representação e participação políticas se houver a crença de que rompemos definitivamente com o passado. Sem a imagem de eliminação e finalização dos eventos do outro tempo, não há docilidade e compreensão diante dos conflitos do agora.

A "tese dos dois demônios" somada à estória da reconciliação nacional e do pacto de transição camufla o projeto autoritário experimentado no laboratório ditatorial em fantasmas do regime democrático. Parece-me que vivemos uma democracia de segurança, na qual seu aspecto superficial de liberalismo e de ruptura convive com suas profundezas autoritárias fortemente alicerçadas na história.

OS RESTOS DA DEMOCRACIA

Podemos hoje nos perguntar sobre o que resta da ditadura? Passadas décadas do fim do regime autoritário poderíamos dizer que a transição para a democracia continua em andamento? Quando assistimos a ocorrência de violência institucional, desrespeito aos direitos do cidadão ou aos direitos humanos, forte desigualdade social, pouca participação popular nas decisões, teríamos um sinal de que estruturas herdadas do período ditatorial permaneceram? Ou, o que seria mais grave, estaríamos diante de um projeto de democracia no qual o povo, suposto elemento fundamental para as decisões do estado de direito, não passa de uma ficção política?

Se medirmos uma ditadura pelas marcas e estruturas por ela deixadas, poderíamos dizer que a ditadura brasileira foi uma das mais violentas. Ela imprimiu nas relações institucionais e políticas uma indefinição entre o democrático e o autoritário, nas quais o legal e o ilícito, o legítimo e o injusto, o justo e o abuso de poder, a segurança e a violência são lançados em uma zona cinzenta de indistinção. A promessa democrática de se desfazer das injustiças do passado e de produzir os remédios necessários para o tratamento do sofrimento social autorizam tanto as ações sociais de diminuição da precariedade da vida, quanto legitimam o acionamento de medidas emergenciais ou violentas, sem respeito a um modo partilhado de lidar com as experimentações políticas.

O Brasil é o único país do continente a não ter punido nem mesmo um agente do Estado responsável pelas graves violações durante a ditadura. As Forcas Armadas brasileiras não assumiram, até hoje, a responsabilidade institucional sobre os mais de 20 anos obscuros da história do pais. é comum ouvirmos militares da ativa e da reserva fazendo o elogio do período de repressão, como se não fosse possível termos democracia se antes não houvesse ocorrido a perseguição, a tortura e o assassinato de quem não pensava como as elites do país.

Práticas de sucessivos governos democráticos, tais como: a impunidade gerada pela Lei de Anistia; a gestão do Estado com medidas provisórias; a tortura nas instituições de segurança e punição; a presença do Exército nas periferias de grandes capitais; o desrespeito às normas de uso público de verbas para a Copa do Mundo e Olimpíadas; um dos maiores índices de homicídios por parte da polícia; a ausência e o silenciar dos movimentos sociais nas decisões de governo, são exemplos de estratégias autoritárias de segurança atuantes dentro do estado de direito.

Inaugurou-se uma democracia social cuja herança das injustiças e carências do passado (sofremos ditaduras, escravidão, extermínio de índios, problemas crônicos nas áreas de saúde, educação, alimentação etc.) justifica a adoção de medidas necessárias e terapêuticas. Sob a promessa de desfazer os erros cometidos (sempre em outro governo, outro Estado, outra história) e diminuir o sofrimento social autoriza-se o acionamento de medidas emergenciais que dispensam os procedimentos democráticos. Tais medidas não são ilegais e se encontram dentro do ordenamento. Contudo, deveriam ser autorizadas somente em situações especiais e de alta necessidade. Ou, para serem acionadas, deveriam respeitar determinadas regulações e critérios. O problema é que o emergencial e a necessidade se tornaram paradigmas de governo na democracia, seja qual for a aliança de partidos nos cargos executivos. Utiliza-se de uma espécie de ato ilícito, porém autorizado pelo lícito. Algo que poderíamos chamar de pequenos golpes "democráticos", pois encontram-se inscritos na lei.

Diante da questão inicial deste texto, sobre o que resta da ditadura, talvez seja preciso realizar uma leve inversão, mas com radical implicação na análise da democracia.

Explico: perguntar sobre a herança da ditadura pode indicar que as estruturas autoritárias presentes na democracia se configurariam como uma falha no sistema. Como se ainda não tivéssemos conseguido, com tantos anos de estado de direito, reformar as instituições e, especialmente, determinada cultura social e política. Contudo, se pensarmos em alguns elementos simbólicos da democracia não constataremos somente a herança ditatorial, mas a decisão política de reafirmar parte deste legado como integrante do projeto institucional de democracia.

O que permaneceu da ditadura não é mais, ou somente, uma herança. Agora já se configura como produto de processos ruminados pelo estado de direito. Se visitarmos alguns aspectos da herança ditatorial, veremos como parte deste legado vem se renovando nas estruturas atuais. A tortura, institucionalizada na ditadura, é praticada largamente no atual sistema penitenciário, nas Febens e nas delegacias. A violência policial vem crescendo sistematicamente, ampliando seu alvo que, no presente, não é somente o militante, mas também o jovem de periferia, o favelado, o negro.

Parece haver a consolidação de uma democracia na qual a assimilação do resto da ditadura produziu um resto de democracia. Não se trata aqui de se desfazer do que foi conquistado em termos de democracia. Porém, sob a superfície do discurso de uma democracia consolidada e exemplar, encontramos formas de agir cuja astúcia é serem autoritárias e parecerem democráticas. Há algo bloqueando a efetivação de uma ação política transformadora que nos leve a reformular a série de questões inaugurais deste texto.

A pergunta hoje nos parece não tanto saber o que resta da ditadura. Porém, qual democracia temos e qual queremos no futuro próximo? Ou então, o que resta de procedimentos e relações democráticas no atual regime político?

A TORTURA É A RAZÃO

COMO SE RECONCILIAR COM A TORTURA?

Em meio às emoções e protestos durante a Copa do Mundo de futebol no país, as Forças Armadas, por meio do Ministério da Defesa, deram publicidade aos relatórios de sindicância sobre as práticas de violações de direitos humanos nas dependências das Forças Armadas durante a ditadura militar. Os documentos atenderam a uma demanda feita pela Comissão Nacional da Verdade, que solicitou a apuração dos fatos junto aos documentos e aos agentes militares ainda na ativa. Nos relatórios, os oficiais das três armas afirmaram que não foram encontrados registros formais "que permitam comprovar ou mesmo caracterizar o uso das instalações dessas Organizações Militares para fins diferentes dos que lhes tenham sido prescritos", não permitindo "corroborar a tese apresentada por aquela Comissão [a CNV] de que tenha ocorrido desvio formal de finalidade", ou seja, que tenham sido usadas como centro de tortura, assassinato e desaparecimento.[1]

Não estivéssemos em pleno século XXI, com uma sequência de mandatos exercidos por presidentes civis, a maioria de ex vítimas da ditadura, poderíamos ficar pouco estarrecidos com esta informação. Ou ainda, se vivêssemos em meio a um processo de transição, o que historicamente e de acordo com as políticas globais de construção de um novo regime democrático pode exigir negociações e silenciamentos, talvez a notícia pudesse ser considerada até um modo de chamar a atenção para a questão sem, contudo, colocar em risco a governabilidade. Poderíamos até mesmo lamentar a falta de correlação de forças políticas no governo, o que nos impediria de exigir mais do Estado.

Só que não. Já temos consolidado um projeto de democracia, instituído no país a partir da nova constituição de 1988 e da primeira eleição para um presidente civil em 1989, eventos seguidos por sucessivos passos formais de um estado de direito.

Conteúdo infame, pois consta do relatório da Marinha que os presos teriam sido bem tratados, de modo "bastante aceitável". É "aceitável" torturar e assassinar pessoas que discordem do governo?

O caráter desprezível dos relatórios pode também ser confirmado na tese de que os documentos sigilosos da época teriam sido "legalmente destruídos". Junto com eles teriam sido eliminados os termos de destruição, os quais indicariam os responsáveis pela ocultação dos arquivos incriminadores. Ainda que sem os arquivos comprobatórios, por que é que o Ministério da Defesa não convocou os militares alocados nas instalações militares em questão?

---

1 As citações retiradas dos relatórios das Forças Armadas em resposta à sindicância da CNV podem ser lidas em: http://www.cnv.gov.br/images/pdf/Sindicancia-Exercito.pdf, acessados em outubro de 2016.

Gostaria de chamar a atenção para um aspecto perigoso para uma efetiva democracia, bloqueada com a presença constante da lógica de governo: o documento com os relatórios das três Forças usa como argumento central a ideia de que se pautam pela lógica da "promoção da reconciliação nacional", como consta na lei de criação da CNV. Este é um ponto que pode passar despercebido, mas indica uma questão nevrálgica no trato da apuração da verdade sobre a época da ditadura.

Chega a ser patológico, como se evidencia na repetição da ideia nos referidos relatórios, que a democracia insista na "tese dos dois demônios" nos dias atuais, especialmente durante os trabalhos de uma comissão da verdade. Mais grave do que isto, esta ficção fundamenta o discurso de que vivemos sob uma espécie de transição e que seria de bom tom não confrontar aqueles fantasmas. Espectros que não são nomeados, mas que servem como justificativa para não nos aprofundarmos em uma democracia de transformação social e política.

Nossa crítica não objetiva jogar contra as demandas de uma política de "justiça de transição" – verdade, memória, justiça e reforma das instituições –, tão necessárias e distantes ainda hoje. Entretanto, por que insistir na tese da transição e da reconciliação? Como é possível adotar esta formulação nos trabalhos de uma comissão da verdade? São questões a serem respondidas com urgência. As reações repressivas e de criminalização dos movimentos sociais, somado ao acionamento de pequenos estados de exceção, especialmente a partir de junho de 2013, parecem indicar um rastro para buscar as respostas.

O que parece estarmos vivendo é um conflito, não uma reconciliação. A chamada transição democrática no Brasil configurou-se como a montagem de uma democracia de cunho autoritária e oligárquica. Conquistamos direitos importantes e fundamentais. Porém, a esfera da decisão política continuou nas mãos de poucos, implicando em um Estado voltado prioritariamente aos grandes grupos econômicos e às elites políticas.

Parece estar instalado no país um conflito aberto e de rediscussão dos rumos traçados pelo processo político hegemônico no país. Não é o momento da reconciliação. É a hora de deixarmos muito claro que houve tortura no país durante a ditadura e que o atual estado de direito, por meio de seus agentes e instituições, continua a violar gravemente os direitos humanos.

PUNIR OU ANISTIAR?

Punir ou anistiar? Esta é uma das questões impostas pela herança da ditadura. Tais como as ditaduras na Argentina e no Chile, o governo militar brasileiro se caracterizou pela sistemática violação à dignidade humana. Hoje, o país se vê com o problema de como conciliar o passado doloroso com o presente, administrando conflitos que não se encerraram com a mera passagem institucional de um governo de exceção para um democrático. Por que passadas décadas dos crimes ainda se discute se é necessário julgar e punir os responsáveis pelas violações aos direitos humanos? Ou eles podem ser anistiados em nome da reconciliação nacional?

Vimos nos últimos anos dois movimentos contrários que apontam para a questão colocada. A apreciação do Supremo Tribunal Federal (STF) sobre a interpretação da Lei de Anistia ser válida para os "dois lados" (refere-se aos torturadores do Estado e aos que resistiram ao regime militar); e, o encaminhamento do Ministério Público Federal de processos criminais por casos de desaparecimento político durante a ditadura.

Em maio de 2010, o STF decidiu negar o pedido de reinterpretação da Lei de Anistia de 1979 solicitado pela Ordem dos Advogados do Brasil (OAB). Sob a alegação de que a lei havia sido fruto de um amplo acordo político de reconciliação, o Supremo silenciou-se sobre as graves violações cometidas durante a ditadura. Ainda que a versão histórica fictícia do STF fosse real e tivéssemos produzido um acordo de saída do regime ditatorial, qual seria o empecilho de declarar o desejo de viver em um país no qual a tortura fosse expressamente condenada? É digno em uma democracia que a suprema corte de justiça confirme anistia para agentes públicos acusados de torturarem, matarem e desaparecerem com opositores? De fato, o STF, de acordo com o jogo de forças, confirmou a norma da democracia e acionou o estado de exceção dentro do estado de direito ao anistiar os torturadores. Exceção, pois, suspendeu os direitos das famílias e da sociedade, fazendo uso de suas prerrogativas inclusas nas normas.

Em um movimento oposto, no fim de março de 2012, quase dois anos após a decisão do STF, procuradores da República reunidos no grupo de trabalho "Justiça de Transição" entraram com ação criminal contra o coronel Sebastião Curió. Este oficial do Exército foi comandante das forças de repressão à Guerrilha do Araguaia, no início dos anos 1970, e apontado por diversas testemunhas como o responsável por sequestro, tortura e desaparecimento de cinco guerrilheiros. Uma parte do grupo de testemunhas foi formada por pessoas torturadas pelo próprio Curió, enquanto outros indicados eram militares que, em momentos diversos, assumiram oficialmente a prisão das vítimas sob o comando do coronel.

A Procuradoria se valeu da lógica penal sobre o crime de sequestro, semelhante juridicamente ao desaparecimento. Crime que não se encontra finalizado, de acordo com o Código Penal, enquanto o corpo não for localizado (caindo a chancela de impunidade do STF para crimes cometidos até 1979). Infelizmente, meses depois, a Justiça Federal suspendeu a abertura do processo colocando sua legalidade em dúvida devido à interpretação do STF sobre a anistia. Considerou-se que os desaparecidos são mortos já reconhecidos pelo Estado, de acordo com a Lei 9.140, de 1995. E, com morte anterior à anistia de 1979, tais crimes ficariam impunes devido a esta Lei.

O fato é que, independentemente da lei de Anistia de 1979, o Brasil tem assinado, desde 1946, acordos internacionais – com poder de lei para os países aderentes – que condenam os crimes contra a dignidade humana e os tornam imprescritíveis. A qualquer tempo, entre a data do crime e a abertura de investigações, o Brasil seria obrigado a tomar providências em favor da punição dos responsáveis.

Há três condições para que um crime qualificado como sendo contra humanidade: ter sido autorizado por agentes ou instituições do Estado; ser cometido por razões políticas, religiosas ou étnicas e atingir uma determinada parte da população civil. Durante a ditadura, o governo militar criou os departamentos de operações de informação (DOI-CODI) que funcionavam dentro de quartéis e institucionalizaram a tortura, o assassinato e o desaparecimento.

Ainda que os processos contra os responsáveis pelas violações não sejam condições suficientes para a transformação das estruturas autoritárias é evidente as vantagens de tais ações. De acordo com pesquisa realizada em 20 países[2], pela cientista política norte americana Kathryn Sikkink, da Universidade de Minnesota, os países que julgaram e puniram os criminosos dos regimes autoritários sofrem menos abusos de direitos humanos em suas democracias. A impunidade em relação aos crimes do passado implica incentivo a uma cultura de violência nos dias atuais. Não é à toa que assistimos frequentemente às notícias de tortura e desrespeito aos direitos nas delegacias, quartéis e dependências de segurança do Estado.

---

2 Os resultados desta pesquisa foram publicados em Kathryn Sikkink e Carrie Booth Walling. *The Impact of Human Rights Trials in latin America*. In: *Journal of Peace Research*, vol. 44, n. 4, 2007, pp. 427-445. Acessado em outubro de 2016: http://jpr.sagepub.com/content/44/4/427.full.pdf+html.

TORTURA, IMPUNIDADE E O INVESTIMENTO EM DIREITOS HUMANOS

A questão sobre a tortura poderia simbolizar as lutas em favor dos direitos humanos no mundo atual. Vimos o presidente norte americano Barack Obama declarar que seu país não iria mais usar o recurso da tortura nas guerras contra seus inimigos. Entre as ações neste sentido deveria estar o fechamento da prisão de Guantánamo, onde foram presos acusados de terrorismo. Neste local, os Estados Unidos utilizaram abertamente, com respaldo em normas e leis aprovadas pelo Legislativo, a prática da tortura.

Diante de quadro tão dramático para os direitos humanos, a grande mídia global exaltou as medidas contra as violências em Guantánamo. Isto sem aprofundar a crítica às instituições que normatizaram a violação à dignidade humana, designando-a como "tratamento adequado" a suspeitos. É preciso questionar se tais medidas são suficientes para termos relações respeitosas entre as pessoas e, especialmente, entre os Estados nacionais e os indivíduos que se encontram em seus territórios. Colocar em dúvida as políticas institucionais para os direitos humanos é uma das principais ações necessárias para um maior investimento no respeito à vida. E não nos referimos somente aos Estados Unidos, mas à maioria das democracias contemporâneas.

No Brasil, o tema da tortura tem ensejado debates e tentativas de criação de políticas públicas de combate[3]. Parte da sociedade brasileira

---

3 Foi criado em 2013 o Comitê Nacional de Prevenção e Combate à Tortura, composto por 11 representantes do poder Executivo e 12 da sociedade civil. Essa instituição tem por função acompanhar e propor políticas públicas e programas para a erradicação da tortura no país. Respeitando a legislação internacional de direitos humanos, o mecanismo somente foi criado após constante pressão das organizações da sociedade civil. Apesar de nascer sob a esperança de alguma mudança substancial no trato da questão por parte do Estado (cujas instituições de segurança são os principais locais da prática de

tem refletido se é possível punir os torturadores da ditadura ou se devemos perdoar os seus crimes. O país parece discutir o tema da tortura no regime militar sem aprofundar a discussão sobre como tal prática criminosa mantém-se na democracia.

A organização não governamental Human Rights Watch tem relacionado o Estado brasileiro, juntamente com outros tantos mundo afora, como um dos países que apresenta a tortura como um problema crônico. Aqui, a cultura nacional assimilou de tal maneira a permissividade à violação do direito à vida e à dignidade que mesmo os grupos criminosos torturam suas vítimas, em uma perversa repetição da prática das instituições de segurança.

Vimos, nos últimos anos, ser implantada uma política de fechamento dos grandes centros de detenção de adolescentes autores de ato infracional (as dependências da antiga Febem). A medida, tal como a proposta de fechamento de Guantánamo, ocorreu sob o pretexto de encerrar as constantes violações aos direitos humanos, neste caso os direitos de pessoas ainda em desenvolvimento e sem a plena cidadania. Entretanto, várias entidades de direitos humanos, observadoras das mudanças no atendimento ao adolescente infrator, denunciam a permanência da prática de tortura e violência nestas instituições.

O adolescente que se envolve na prática infracional está ligado a condições de vulnerabilidade. A pobreza e a situação em que vivem com precariedade os levam a se envolverem com o ato infracional. Sem o acesso universal à escola ou com um sistema de educação sem as mínimas condições materiais, sem um atendimento digno à saúde

---

tortura), sob a tutela da lógica de governo, "transformou-se em mais um aparelho burocrático", implicando no "afastamento dos movimentos populares e das diversas organizações que atuam na linha de frente da luta contra a tortura e outras formas de violência estatal". Tais comentários podem ser lidos na "Carta de saída da Pastoral Carcerária do Comitê Nacional de Prevenção e Combate à Tortura", de julho de 2016. Acessado, em setembro de 2016, no sítio: http://carceraria.org.br/pastoral-carceraria-anuncia-saida-do-comite-nacional-de-prevencao-e-combate-a-tortura.html.

e diante da ausência de políticas mais eficientes de inserção social, o adolescente é seduzido pelo crime e pela expectativa de acesso a uma melhor condição de vida. Acompanhando a precariedade social, as famílias, que supostamente seriam um meio de sustentação, também se encontram esgarçadas e sem estrutura para lidar com o problema.

A criminalidade entre meninos e meninas tem recebido destaque nos últimos anos, no Brasil e no mundo, como um problema social que desafia o esforço de compreensão e de renovadas políticas públicas. A questão do adolescente infrator simboliza a luta pelo acesso digno a direitos, de modo semelhante a tantas outras demandas sociais, projetando-a como uma síntese dos desafios éticos e políticos do mundo contemporâneo. O crime praticado pelo adolescente sinaliza uma perversão do mundo capitalista e globalizado, desvendando contradições e desigualdades que têm clara influência no fenômeno da delinquência.

Como resposta ao problema, o Estado teria a incumbência de aplicar a legislação específica às crianças e adolescentes – no caso brasileiro, o Estatuto da Criança e do Adolescente (ECA). São medidas que variam entre o encaminhamento do adolescente a atendimentos psicológico, educativo e de assistência social, até a privação de liberdade em centros de detenção específicos. No momento em que o adolescente entra na instituição de reeducação, do Estado ou privada, ele se vê diante de espaços despreparados para aplicar a legislação. Mais do isso: é comum se ver denúncias de violência e tortura contra os adolescentes praticados por agentes da instituição que deveria lhes prestar o serviço educativo.

Para sonharmos, desejarmos, construirmos um mundo sem tortura é necessário atacar de frente e sem medo a impunidade de tais crimes. Sem a punição aos torturadores de ontem, não há como pensar em acabar com a tortura de hoje. O simples fechamento de um notório centro de violações à humanidade será insuficiente se não houver a punição dos responsáveis (em geral, nos EUA, na Febem, no Estado brasileiro, os violadores permanecem em postos públicos).

A tortura simboliza uma série de desrespeitos ao direito à vida, como o direito digno à alimentação, ao transporte, à educação, à saúde e a uma vida sem violência. É necessário determinar as responsabilidades e criar uma cultura de direitos, pois o fim da impunidade é alguma garantia de construção de uma democracia.

O tortuoso caminho da democracia

Dia 14 de agosto de 2012, em decisão surpreendente, sob vários aspectos, o Tribunal de Justiça de São Paulo, por meio de sua 1ª. Câmara, confirmou a sentença emitida pelo juiz Gustavo Santini, de 2008, na qual se havia declarado "que entre eles [autores] e o réu Carlos Alberto Brilhante Ustra existe relação jurídica de responsabilidade civil, nascida da prática de ato ilícito, gerador de danos morais". Em um dos testemunhos registrados no processo, pode-se ler: "disse que foi pessoalmente interrogado pelo réu, o qual o ameaçou, o espancou e lhe aplicou choques elétricos".

Portanto, após 40 anos dos crimes, confirma-se, por meio de uma declaração civil condenatória, a relação jurídica do coronel Ustra como comandante e autor das torturas sofridas pela família Teles nas dependências do DOI-CODI de São Paulo, órgão submetido ao Comando do II Exército. Tendo sido o principal oficial do órgão entre os anos de 1970 e 1974, Ustra coordenou a instituição já responsabilizada pelo Estado brasileiro (via processos administrativos indenizatórios) como local de morte e desaparecimento de dezenas de opositores à ditadura e centro de tortura de outras centenas de pessoas.

No dia 28 de dezembro de 1972, quando acompanhavam o dirigente do Partido Comunista do Brasil, Carlos Nicolau Danielli, César Teles e Amelinha Teles (meus pais) foram presos. Já nos carros nos quais eram transportados para o DOI-CODI começou a série de sessões de tortura física contra os três. Enquanto eles sofriam nas salas de tortura, eu, minha irmã e minha tia viríamos a ser presos na manhã seguinte, em nossa residência. Tomo a liberdade de citar meu próprio depoimento, coletado em sessão pública e publicado no belíssimo trabalho *Infância Roubada*,[4] da Comissão da Verdade Rubens Paiva, de São Paulo:

> Meus pais, Maria Amélia e César, estiveram detidos no Doi-Codi do II Exército, em São Paulo, juntamente com a Criméia, minha tia, e Carlos Nicolau Danielli, dirigente do PCdoB. Criméia fora guerrilheira no Araguaia e os meus pais, no Rio de Janeiro e depois em São Paulo, participavam da organização da estrutura do partido. Eu e minha irmã, Janaína, tínhamos à época 4 e, ela, 5 anos.
>
> Eu sou Edson, irmão da Janaína, primo do Joca, primo do Igor, filho da Amelinha e do César, sobrinho da Criméia. Bom, e aí começa a minha história.
>
> Eu nasci em 1968 e me chamo Edson Luís em homenagem ao estudante secundarista morto no Rio de Janeiro em uma manifestação estudantil. Meus pais eram militantes do PCdoB. E a Criméia foi guerrilheira do Araguaia. Meus pais participaram plenamente da estruturação da guerrilha do Araguaia e do Partido Comunista.
>
> Em dezembro de 1972, morávamos eu, a minha tia Criméia, meu pai, minha mãe. O Joca estava na barriga da Criméia e lembro que já conversávamos com ele. E tinha também o cachorro que o [Carlos Nicolau] Danielli tinha dado para a gente. Vivíamos numa casa na Zona Sul de São Paulo, no bairro de Cidade Ademar.

---

4 Comissão da Verdade do Estado de São Paulo "Rubens Paiva". *Infância Roubada: crianças atingidas pela ditadura militar no Brasil*. São Paulo: Alesp, 2014.

No dia 28, meus pais levaram o Danielli para um ponto com outro dirigente do partido e no fim do dia eles foram sequestrados pelos militares do Doi--Codi aqui de São Paulo, que ficava na Rua Tutóia. Lá, começaram as sessões de tortura e de busca de informações. Uma questão central da busca deles era saber quem era a tal pessoa que tinha vindo do Araguaia fazer contato com a direção do partido, que era justamente a Criméia, eu suponho. E a Criméia estava em casa conosco. O fato de os meus pais não terem voltado desse ponto já denotava que alguma coisa tinha ocorrido, provavelmente a prisão deles.

Eu não tenho lembranças de ter sido uma noite grave, mas eu acredito que para a Criméia foi uma noite muito difícil. Lembro de uma cena, acho que era a Criméia queimando papéis, jogando na descarga. E eu apertando a descarga.

Eu tinha 4 anos de idade e a Jana 5. Nessa manhã, eu estava fazendo o que sempre fazia, que era assistir [ao programa de televisão] Vila Sésamo na sala. Eu gostava de ficar de ponta cabeça, tentando fazer o cérebro mudar a imagem que eu estava vendo na televisão. E foi nesse momento que chegaram os policiais.

Primeiro, um casal. Um civil tocou a campainha e logo depois, eu não sei como foi exatamente, mas os policiais já entraram. O cachorro ficou num "morde não morde". Os policiais entraram armados e nós fomos levados para o camburão.

Aí eu já não sei se sou eu que lembro, se alguém contou, se é a Jana que lembra, mas nos colocaram no camburão cheio de armas. "Esses filhos de comunistas vão pegar essas armas, cuidado", disseram. E nós fomos levados para o DOI-CODI.

Algumas cenas são descritas pelos meus pais ou pela Jana, mas eu me lembro claramente de corpos torturados, marcados, roxeados, machucados. E a cena que mais me ficou presente foi o meu primeiro contato com a minha mãe. Parece que eu estava de costas para a janelinha de uma cela ou de um portão que tinha uma janelinha. Ela me chamou e eu, feliz da vida, reconheci a voz e me virei. Quando eu vi o rosto, eu não o reconheci. Ele já estava roxeado, desfigurado.

E me causou um forte estranhamento porque eu pensei: "Quem é esta pessoa que tem a voz da minha mãe? Mais do que a voz, tem o jeito de se comunicar comigo que eu reconheço claramente, mas não é a minha mãe".

Nessa época, não sabíamos o nome dos nossos pais. Era, provavelmente, uma medida de segurança para eles e para nós. Tenho outras lembranças, mas que eu acredito que são coisas que eu vi. Por exemplo, eu perguntei para o meu pai: "Por que você está roxo, verde? Por que você está tão marcado assim?" O fato é que nós fomos levados para a presença dos pais torturados. E isso foi usado para que eles falassem e os militares obtivessem informações. Havia todo tipo de ameaças: "Vamos matar os seus filhos, vamos sequestrá-los". E isso evidentemente era uma possibilidade grande ali.

Eu não sei quantas vezes nós fomos levados ao DOI-CODI, mas éramos acompanhados por uma policial, que nos levava a uma casa onde dormíamos na cozinha, num colchão no chão. E no dia seguinte éramos levados de volta ao DOI-CODI. O próprio Coronel [Carlos Alberto Brilhante] Ustra, que comandava a instituição, o DOI-CODI, assumiu no seu livro [*A Verdade Sufocada – A história que a esquerda não quer que o Brasil conheça*] dizendo que estava fazendo um ato de benevolência com esses presos, levando seus filhos para visitar os pais.

> Eu não sei quantos dias esse processo durou. Acredito que pela minha idade e talvez por mecanismos saudáveis daquilo que a gente lembra e esquece, eu não lembro de muitas cenas desse momento. Mas claro, a gente era criança, então mescla esses momentos de terror, espanto, com outros que você começa a brincar ali no pátio do DOI-CODI, correr para lá e para cá. Por quê? Porque nada daquilo fazia sentido.[5]

A sentença de 2008, agora confirmada em segunda instância, realiza, por um lado, o reconhecimento público de que a família foi presa e torturada pelo oficial do Exército brasileiro, coronel Carlos Alberto Brilhante Ustra. Feito de extrema importância para a família e, especialmente, para a luta constante por justiça no país. Por outro lado, estes recentes acontecimentos históricos, expressos pelo ordenamento jurídico, mostram os graves limites nos quais se encontra a democracia. Isto demanda um olhar crítico e atento, com o objetivo de denunciar a ausência de esclarecimento e reconhecimento do modo destrutivo e violento com que a ditadura militar se inscreveu na cultura política e social do país.

Refiro-me ao lento processo de inclusão dos crimes da ditadura na pauta nacional. O processo contra o coronel Ustra teve início em 2005. Mais de 30 anos após os fatos e cerca de dois anos antes do governo Lula adotar o discurso, pela primeira vez desde a entrada de um presidente civil, da justiça de transição. Era a primeira vez que um agente da repressão seria individualmente processado.

Desde os anos 1990 em busca de um ato de justiça, a família tinha dificuldades em conseguir advogados que aceitassem processar na vara penal um torturador. Seja pelo desconforto nacional que isto poderia gerar, seja pela visão jurídica de que a Lei de Anistia impedia

5 *Ibidem*, pp. 257-59.

tal procedimento. Estudando o caso argentino, vislumbrou-se uma saída. Durante os anos 1990, diante das leis de "obediência devida" e do "ponto final", criadas pelo governo Menen para impedir os processos penais, os familiares de desaparecidos iniciaram os "juízos pela verdade". Eram processos civis nos quais se solicitava a declaração de relação jurídica entre a vítima e o criminoso. Foram processos importantes para a penalização dos militares argentinos nos anos 2000.

Em acordo com o advogado Fábio Konder Comparato, a família elaborou e deu entrada ao pedido de reconhecimento da condição do coronel como torturador. Decidiu-se não pedir qualquer indenização, deixando claro o objetivo de reconstituição da dignidade ofendida na sala de tortura e na ausência de punição. No atual processo, eu e minha irmã não fomos considerados vítimas do Ustra, por ausência ou insuficiência de provas, ainda que o próprio coronel tenha assumido em seu livro que nos levou ao DOI-CODI. No entanto, alegou o torturador que o fez com o intuito "humanitário" de conceder uma "visita" aos presos. Em nenhuma das audiências do processo nós, autores, pudemos narrar os fatos, o que foi substituído pelo relato escrito.

Este modo limitado e lento de lidar com os crimes da ditadura, ainda que diminuto, ajuda a acelerar o trato do tema pelo Estado. Junto a esta iniciativa, soma-se a de outro grupo de familiares, os parentes de mortos e desaparecidos da Guerrilha do Araguaia. Neste outro processo, os familiares tiveram ganho definitivo de causa em 2006. Logo após, por descumprimento e vagarosidade na Justiça, a Corte Interamericana de Direitos Humanos da OEA aceitou o pedido de julgamento do Estado brasileiro. Reclamava-se a localização dos desaparecidos, a circunstância das mortes e a punição dos responsáveis.

Foi neste contexto que o Estado adotou o discurso da justiça de transição, via Comissão de Anistia, a partir de 2007. Buscava-se um modo de lidar com o assunto que entrava cada vez mais em destaque nas esferas nacional e internacional. Discurso este que pode ser articulado para exigir a efetivação dos direitos das vítimas e pela não repetição do regime autoritário ou de rompimento com o seu legado.

Contudo, o discurso da justiça de transição, na medida em que indica uma negociação para os atos de justiça, pode também servir a uma estratégia retórica para legitimar processos parciais de reconhecimento do direito à verdade e à memória e encobrir a impunidade acordada na transição. O Brasil parece fazer uso tanto do discurso manipulador, quanto do discurso emancipatório.

É fato que até hoje o Estado não cumpriu a sentença da Justiça Federal e a da Corte da OEA sobre o caso Araguaia. A Lei de Anistia não foi reinterpretada, como designava a sentença, os corpos não foram localizados e as mortes e os seus responsáveis não foram esclarecidas. O cumprimento é de responsabilidade prioritária do Executivo, pelas responsabilidades constitucionais que tem, bem como pelo seu papel político na reconfiguração das leis de impunidade, a exemplo do ocorrido no Uruguai, Chile e Argentina. Nestes países, sem a ação determinada de seus governos, teria sido muito mais difícil iniciar os julgamentos.

Os movimentos de direitos humanos e de familiares, para não dizer o conjunto da sociedade, exerceram o direito e a razão de exigir da Comissão Nacional da Verdade o comprometimento de seus trabalhos com atos de justiça. A CNV foi instituída pelo Estado e, por força do modo como foi criada e de sua lei, encontrava-se vinculada a uma lógica de governo que limitava sua autonomia.

A cobrança dos movimentos por justiça inscreveu-se na luta política mais ampla por uma democracia efetiva na qual a impunidade fosse condenada, não somente por estratégias retóricas, mas por atos concretos de transformação da condição atual. Perdemos uma grande oportunidade, o que não só limitou as transformações, como fortaleceu as estratégias conservadoras.

ARQUEOLOGIA DOS AFETOS

O filme *Que bom te ver viva*[6] e o vídeo *15 filhos*[7] são expressões artísticas e historiográficas que têm, entre outros, o desafio de pensar a reconstrução democrática no país. Enquanto trabalhos de reflexão sobre a memória política, trazem a narrativa das testemunhas acerca daquilo que é avesso à compreensão: a tortura e o desaparecimento político durante a ditadura. O ponto central está nas emoções expostas por meio dos relatos que, se bem elaboradas podem proporcionar algum sentido para o inexplicável da repressão. Os sentimentos, compostos por sobras, fragmentos, interditos e despojos mobilizam as marcas de uma experiência na qual "o equilíbrio é impossível, de modo que o sofrimento é garantido para o resto da vida" diz a personagem Estrela (In: *Que bom te ver viva*). A insistência sobre os restos do vivido na ditadura tem o objetivo de extrair uma arqueologia fúnebre, possibilitando construir explicações à materialidade remanescente dos porões de tortura.

Em *Que bom te ver viva*, filme longa metragem, intercala-se os desejos e traumas de uma personagem anônima, interpretada pela atriz Irene Ravache, com os depoimentos de oito ex presas políticas brasileiras que viveram situações limite, como a tortura e a prisão.

---

6 Filme dirigido por Lúcia Murat, militante nos anos 60 e 70 e ex presa política, tendo passado pela experiência da tortura. Produzido em 1989, conta com o depoimento de oito ex-presas políticas: Maria do Carmo Brito, Estrela Abohadana, Maria Luiza G. Rosa, Rosalinda Santa Cruz, Criméia Alice S. de Almeida, Regina Toscano, Jessie Jane e depoimento anônimo.

7 Sob a direção de Maria de Oliveira Soares (presa juntamente com sua mãe, Eleonora Menecucci de Oliveira) e Marta Nehring (filha do desaparecido político Norberto Nehring), este vídeo, de 1996, traz o depoimento de 15 filhos de vítimas da ditadura, são eles: as duas diretoras, Ernesto José de Carvalho, Janaína de Almeida Teles, eu mesmo, João Carlos Schmidt de Almeida, Vladimir Gomes da Silva, Gregório Gomes da Silva, Tessa Lacerda, Telma Lucena, Denise Lucena, Ivan Seixas, Priscila Arantes, André Herzog e Chico Guariba.

Mais de vinte anos depois, como vivem essas mulheres? Em sua resposta, mais do que descrever e enumerar sevícias, o filme mostra os sentimentos que elas viveram, e ainda vivem, por terem sobrevivido àquelas experiências. Diante de uma sociedade omissa, seus relatos resistem à ideia do esquecimento, não por serem uma plataforma política, mas por constituírem a única forma de dar continuidade às suas existências.

15 filhos, vídeo curta metragem, reúne depoimentos de filhos de militantes políticos de esquerda que nasceram ou viveram sua infância no período da ditadura. No Brasil se tem, mesmo após a CNV, pouco conhecimento dos crimes cometidos durante aquele período. Porém, menos ainda se ouviu sobre o que ocorreu com os filhos dos que lutaram contra o regime. Os bebês, as crianças, os adolescentes de então hoje carregam dentro de si os traumas da violência política. São eles e suas memórias que compõem este vídeo.

O filme e o curta documental, com suas propostas cinebionarrativas, fazem transparecer que apesar do reconhecimento público e notório das violações aos direitos humanos, ainda não nos inteiramos o suficiente para compreender o passado recente e transformá-lo em experiências para o presente.

O sofrimento pelo qual se passa somente pode ser absorvido e transformado em experiência se houver o mínimo de reconhecimento, o que nos vídeos se traduz com a narrativa em condições de alguma liberdade, com as vítimas e testemunhas sendo ouvidas e vistas pelos outros.

No caso dos relatos sobre os desaparecimentos forçados, a situação fica ainda mais aguda, pois é "difícil aceitar uma morte que não é material; e mais difícil ainda é a imaterialidade da vida", diz Tessa sobre o pai que nunca conheceu (In: *15 filhos*). A ausência do corpo é a constituição do abismo na história – "os desaparecidos são um hiato em minha vida, um período entre parênteses" (Criméia. In: *Que bom te ver viva*).

Apesar de, em vários momentos, as narrativas se constituírem por meio de detalhes aparentemente triviais (a lagartixa na parede da cela, o olhar de um desconhecido no assalto ao banco, uma fotografia antiga do pai com 3 anos de idade, a bandeira vermelha no quarto da mãe), são estas minúcias dos relatos que permitem a inserção do espectador na história política da época e a compreensão dos afetos envolvidos.

A importância das particularidades está em não permitir que se transforme algo real em mitológico, inversão ocorrida em alguns trabalhos acadêmicos, na abordagem da história oficial e na visão de boa parte da esquerda. O uso do mito encontra-se tanto na história que se procura impor, para que se esqueça daqueles tempos e não se construam as narrativas, quanto no imaginário que se cria a fim de suportar o inexplicável da tortura – "para mim, meu pai era como um herói de gibi" (Gregório. In: *15 filhos*).

Não se trata, é claro, de desmerecer as ações de grande coragem dos militantes que se propuseram, em situação de extrema inferioridade, a enfrentar a repressão movidos por ideais. No entanto, tratá-los hoje como parte de um mito somente contribui para nos afastar da possibilidade de compreensão de suas lutas. "Esse negócio de guerrilha e tortura, hoje, parece um conto de fadas. E isso nos distancia da realidade. Para meus sobrinhos, filho e amigos deles, eu sou uma espécie de contadora de estórias" (Criméia. In: *Que bom te ver viva*). Há ainda o risco do constrangimento, como assinalado em um dos depoimentos de uma filha que não conheceu o pai, desaparecido, de se criar "uma imagem gigantesca que até oprime" (Tessa. In: *15 filhos*).

A identificação entre a sociedade atual, os eventos passados e a produção de significados para o tempo presente e futuro depende do conhecimento dos desejos e aspirações dos seres humanos envolvidos. Sejam eles as vítimas, presentes nos filmes, sejam os carrascos, que no processo de transformação da história em mito aparecem em confortável situação de monstros. Tinham endereços, possuíam uma vida cotidiana, viviam junto às suas famílias e, o fundamental, sabem de parte da história que os sobreviventes e a maior parte da sociedade desconhecem.

Nos filmes podemos ainda observar que o uso de imagens de arquivo, tais como fotos de pessoas mortas ou torturadas, salas de tortura etc., praticamente não são utilizadas. É como se estes documentos não tivessem o que dizer, pois já foram usados várias vezes em outros momentos. E, por outro lado, parecem ter sido banalizados pelas imagens semelhantes das delegacias e sistema penitenciário atuais. Será que eles não perderam sua importância enquanto verdade documental e se foi habituando aos seus horrores? O que vemos, fora o depoimento das personagens, são fotos dos locais por onde as pessoas envolvidas passavam, tais como o estacionamento do DOI-CODI, em São Paulo. Ou então, os caminhos que os sobreviventes dos filmes percorrem em seu cotidiano: sindicato, hospital, moradia, cinema, restaurante etc.

Por outro lado, a publicidade criada, o espaço e o tempo público, objetivada pelas narrativas mostra que a relação entre lembrança e esquecimento demanda a existência do documento como auxílio à narrativa. Desempenha a função de fornecer vitalidade ao se contrapor às imposições do esquecimento. Esse tipo de documento se distingue do documento histórico tradicional precisamente por trazer as histórias pelo relato direto de quem as viveu. A memória das violações aos direitos humanos formatada por aspectos degenerativos – passagem do tempo, ideologias, o cansaço do ressentimento – se vê reduzida às políticas de Estado, aos livros, arquivos e placas comemorativas, desprovidas dos recursos que dispõem os relatos e narrativas de recombinar finais e começos, alterar pausas, rebobinar, sem qualquer subordinação a ordens pré-concebidas. Esses entrecruzamentos da narrativa capacitam a memória como reflexões críticas alternativas à continuidade temporal programada das instituições.

Podemos retomar a ideia de arqueologia, já suscitada no início deste texto. Ela se encaixa nos trabalhos em questão por sua prática de reconstruir o ser a partir dos fragmentos narrados pelas testemunhas e sobreviventes. Os filmes em questão não se propõem a finalizar os relatos com alguma espécie de proposição conclusiva ou instrução para a ação. Antes, eles mantêm seu caráter narrativo e impulsionam no espectador um processo reflexivo, uma abertura sobre como se pode ressignificar o horror da tortura em um sistema democrático.

Observa-se que o relato de como os sobreviventes das violações aos direitos humanos é recebido nos tempos atuais difere em cada indivíduo, mas em geral sofre de uma recepção constrangedora. Nas palavras da ex presa política Estrela Abohadana:

> Existe um grande silêncio quanto à tortura. Não sobre o relato de como se faz uma tortura, isso me parece que foi muito explorado. Há um silêncio de como as pessoas que foram torturadas vivem isso internamente. Então, as pessoas até suportam saber que você foi torturada e até sabem o que é uma tortura. Mas o que elas não suportam ouvir é como que você se sente e qual foi sua experiência emocional interna diante da tortura (In: *Que bom te ver viva*).

Parece haver duas reações básicas aos relatos sobre a tortura e a violência política: por um lado, com mais frequência por parte de pessoas menos esclarecidas politicamente, mas não somente estes, se considera a retomada dos fatos do passado como um ato de revanchismo ou ressentimento – "quando a gente fala dessas coisas parece que somos rancorosos: 'não consegue esquecer', 'já vem falar de novo neste assunto' " (Rosalina. In: *Que bom te ver viva*). Por outro lado, e aqui se inclui principalmente as pessoas que se solidarizam com as vítimas, ocorre uma compaixão tão forte que chega a constranger a pessoa que faz o relato – "ninguém quer ouvir, ou aqueles que escutam se mobilizam tanto que gera um constrangimento. De modo que você se pergunta: qual o direito que você tem de mobilizar tanto uma pessoa?" (Estrela. In: *Que bom te ver viva*).

Se durante a ditadura o embate político de resistência necessariamente ocorreu por meios clandestinos, se privando da cena pública, hoje, a memória daqueles que sofreram com a repressão, que procuravam transformar o público, se vê reduzida à cena privada das lembranças dos sobreviventes, testemunhas e seus familiares – "a tortura não é uma questão épica, é feia e, portanto, as pessoas têm medo de pegar essa bandeira, que ficou então com os familiares, o que deixa a coisa com um jeito de caça às bruxas, meio isolado, tipo aqueles caçadores de nazistas" (Rosalina. In: *Que bom te ver viva*).

Quando se trata do conhecimento essencialmente subjetivo, produzido pela memória de passado doloroso, nunca se pode dizer que já se sabe de tudo, nem mesmo se pode resignar a ter um conhecimento parcial, que ao mesmo tempo é bloqueador da elaboração da memória. Aceitando-se o saber em partes, como se fosse um todo completo, aceita-se o esquecimento forçoso gerador de recalque e ressentimento. E o consentimento do esquecimento leva ao passo seguinte, que não é necessariamente o da repetição (um novo golpe militar, outro regime de exceção, a tortura etc.), mas a renúncia aos valores que a repressão se esforçou por destruir.

CARTA SOBRE O PAI

Era um domingo de inverno paulistano, garoa fina, ossos congelados. Logo pela manhã, às 8 horas, o carro passa para levá-lo à sua primeira visita ao Presídio Político Romão Gomes. Padre Renzo começava a ficar conhecido junto aos presos políticos do Brasil. Entre os anos de 1975 e 1980, visitou quatorze presídios prestando solidariedade aos detidos por razões políticas. Estas lembranças emergem devido ao seu falecimento, no dia 28 de março de 2013, aos 87 anos. Sua presença, contudo, permanece na memória de seu típico sorriso e solidariedade tão amigáveis.

Naquele dia 17 de julho de 1976, Renzo registrou em seu diário, sob o titulo "Um dia no cárcere",[8] um dos momentos mais emocionantes de sua vida, segundo suas próprias palavras: "dias maravilhosos e emocionantes vivi muitos em minha vida, mas talvez nenhum deles o vivi tão intensamente como aquele sábado em que me encontrei com os presos políticos do Presídio Militar de São Paulo". Entre os presos encontrava-se meu pai, César Teles, falecido em 28 de dezembro de 2015. Condenado a alguns anos de prisão por participar de organização clandestina de oposição ao regime (militava no Partido Comunista do Brasil) e por ajudar a produzir e divulgar jornal de denúncia e de ação política de protesto.

César havia sido preso no dia 28 de dezembro de 1972, quarenta anos antes de sua morte, e passou cerca de um mês no DOI-CODI de São Paulo, órgão ligado ao II Exército, quando sofreu torturas e ameaças de morte, juntamente com Amelinha, minha mãe, e Criméia, minha tia, grávida de oito meses. Eu, com quatro anos, e minha irmã Janaína, com cinco, testemunhamos os resultados da tentativa de destruição de seus corpos. Nos dias que se seguiram à prisão eles testemunharam o assassinato de Carlos Nicolau Danielli. Somente após este período de repressão e violências comandadas pelo então major Carlos Alberto Brilhante Ustra, César e família tiveram suas prisões oficializadas, o que gerou a abertura de processos criminais (exceto a prisão de minha tia Criméia, a qual permaneceu sem processo formal e foi encaminhada para uma dependência do Exército em Brasília, onde continuou a ser torturada, vindo a nascer em cárcere, sob péssimas condições, seu filho Joca).

8 O trecho de seu diário, "Um dia no cárcere", pode ser lido no livro de Emiliano José. *As asas invisíveis do padre Renzo*. São Paulo: Casa Amarela, 2002.

Na primeira audiência na Justiça Militar, no dia 11 de julho de 1973, três anos antes da visita do padre Renzo ao Presídio e poucos meses após passar pelo DOI-CODI, César declarou, com coragem, os fatos por ele vividos: "sob protestos quanto à natureza daquele sequestro fomos levados para local que ignorávamos e que depois foi informado tratar-se da OBAN [Operação Bandeirantes, primeiro nome do DOI-CODI], órgão subordinado ao II Exército. Já ao entrar no pátio Carlos Danielli foi espancado a vista de várias pessoas que lá estavam. Quando eu também, no mesmo local, comecei a ser agredido, minha esposa protestou informando minha condição de diabético e tuberculoso, atitude que foi repelida com um soco em seu rosto por um senhor alto que mais tarde soube tratar-se do comandante da OBAN [o coronel Ustra]" (comentários nosso). Esta foi sua entrada na ordem jurídico militar da ditadura, caminho que o levaria mais tarde ao Presídio Romão Gomes.

O acesso ao presídio era precedido de uma ampla via toda contornada por uma bela mata, com macacos e outros bichos. Eu me preparava todo para visitar meu pai, pois era um dia muito esperado durante a semana. Parte do ritual da visita tratava de me fantasiar, como se eu fosse uma espécie de agente secreto cuja missão seria passar pelo sistema repressivo e levar ou trazer mensagens dos presos. Para entrar no presídio, mesmo nós crianças, passávamos por uma minuciosa revista. Ao perguntar para minha mãe a serventia daquilo, recebi certa explicação sobre o medo dos militares de que entrássemos com coisas escondidas. Isto mexeu com minha imaginação e, em casa, pedi para minha tia que fizesse uma pequena abertura no forro de minha jaqueta. Nele colocava algum pequeno objeto, com o qual deveria passar pela revista sem ser descoberto e, de dentro do presídio, também sairia com algo. Poderia ser uma moeda, uma pedrinha, qualquer coisa que me permitisse burlar a revista. Certa vez fui "pego". Havia colocado um potinho de tinta guache e, devido ao volume, a policial que me revistou localizou minha "ação revolucionária". Contudo, ela não conseguia retirar o objeto porque não tinha acesso à abertura falsa. Como eu simplesmente não respondia às suas perguntas ela teve, então, que pedir autorização a um oficial para liberar minha entrada. Realizei-me. Entrei com o "perigoso" potinho de guache.

Neste dia em que Renzo conheceu os presos do "Romão Gomes", os procedimentos foram os mesmos: "o sargento pede-me somente a carteira de identidade e pergunta-me quem desejo visitar. Sou revistado. Fazem-me tirar os sapatos para averiguar se por acaso levo armas". Tal como nós, ele também era tido como motivo de desconfiança para os policiais. É bonito conhecer quem foi o padre Renzo por suas próprias palavras, sempre generosas: "a coisa que mais me impressionou neste contato com os presos políticos, também nos que foram mais horrivelmente torturados, é a falta absoluta de ódio, de ressentimento, de desespero, de derrota".

Lembro-me de como os presos eram orgulhosos de suas ações, mesmo com toda a incerteza sobre suas consequências e a necessidade de agir politicamente, inclusive de dentro da cadeia. Nós, crianças, podíamos circular entre as várias rodas de discussões que se formavam, pois os adultos achavam que não entendíamos nada. E era verdade. Ouvíamos sobre as diferenças entre as organizações, as articulações para os contatos fora da prisão, notícias da nascente campanha pela anistia. Renzo ouvia a todos e, me parecia, se empenhava na função de contato com o mundo exterior. Sua presença mostrava o tamanho da sua abertura. Ele não estava ali para buscar pedidos de perdão, confissões, muito menos distribuir castigos. "Inicialmente estou um pouco embaraçado. Não sei como iniciar o diálogo, fazendo as perguntas sinto um certo pudor. Desejaria conhecer muitas coisas, conhecer a história de cada um, até os mínimos particulares, mas tenho medo de abrir feridas cicatrizadas... São eles mesmos, no entanto, que com muita delicadeza e bondade vêm ao encontro do meu embaraço. Posso agora fazer qualquer pergunta. Toda resposta é sempre serena, clara, corajosa". Sua presença ampliava o mundo limitado pelos altos muros cinzentos que cercavam o pátio central.

Renzo era uma pessoa sorridente, emotiva e carinhosa, sendo atencioso com as crianças. Brincava de dar um tapinha em nosso rosto e sempre corríamos quando ele chegava, rindo e nos divertindo, como se fosse um jogo de pega pega. Justamente em sua primeira visita não pudemos acompanhá-lo; naquela semana havia sido registrado um caso de tuberculose entre os presos, inviabilizando a ida das crianças.

No frio dia de julho de 1976, em meio às aconchegantes conversas com os presos e ainda impressionado, Renzo recebe um presente de César. "A esta altura César, com um gesto delicadíssimo que me fez chegar lágrimas nos olhos, me dá um presente oferecido quase com timidez, é o original da famosa poesia de sua filha poetisa: 'dói gostar dos outros'. É verdadeiramente o original, escrito a lápis, com todos os erros de ortografia próprios de uma criança de oito anos. O pai renuncia àquela preciosidade inestimável para oferecê-la a mim, padre maluco, como sinal de amizade e gratidão. Este milagre de poesia foi um presente de Janaína ao pai no cárcere, e o pai oferece-a a mim. É o tesouro mais precioso que levei comigo dos cárceres".

Dói gostar dos outros
Oi, vocês todos.
Boa tarde para todos.
E um viva para todos.
Uns versos vou escrever.
Vou começar... atenção.
Preste atenção.
Dói o peito chorar.
Dói os seus olhos chorarem.
Dói nós viver.
Dói ver os outros chorarem.
Dói a natureza chorar.
Dói gostar dos outros.

Dói cair uma pedra no seu pé.
Dói falar tchau, amigos.

Janaína Teles, primeiro semestre de 1976, aos 8 anos de idade.

O LONGO ADEUS À DITADURA

No final do mês de maio de 2015 foi preso José Maria Marin, cúmplice da tortura durante a ditadura. Junto com o defensor de tortura, foram presos na Suíça diversos dirigentes da Fifa, a federação internacional de futebol que regula o esporte e organiza os torneios mundiais a cada quatro anos. Sim, a mesma que comandou o estado de exceção dentro do estado de direito brasileiro, em 2014.

A acusação, vinda de investigações da polícia norte americana, indica que Marin e os outros cobravam propinas para cederem direitos de realização e transmissão dos torneios de futebol, inclusive da Copa de 2014 no Brasil. Os casos de corrupção agora denunciados ocorreram quando Marin era presidente da Confederação Brasileira de Futebol (CBF). Entidade dona da seleção brasileira de futebol, recentemente a CBF teve seu contrato secreto de marketing revelado – nele se diz que os jogadores são convocados e escalados no time nacional de acordo com os interesses de venda dos patrocinadores.

Tudo isto parece muito impactante e incrível no país do futebol. Mas o que me parece mais grave e, ao mesmo tempo curioso, é termos um participante do esquema de tortura na ditadura sendo preso por corrupção, fora do país, enquanto ele mesmo e os generais e oficiais responsáveis pelas graves violações de direitos humanos ocorridas no país permanecem impunes. Marin lembrou alguns passos da prisão de Pinochet. Em 1998, ao viajar a Inglaterra para um tratamento médico, o ditador chileno foi preventivamente detido devido às acusações de crimes contra a humanidade. Londres cumpria um pedido internacional da ordem jurídica espanhola, devido a um processo por crimes cometidos contra cidadãos espanhóis no Chile, durante os anos 70 e 80. Após muitas negociações, os ingleses não entregaram o ditador à Espanha. A justificativa foi uma condenação por corrupção em território chileno, para onde Pinochet foi finalmente extraditado. Lá recebeu o benefício de cumprir a pena em prisão domiciliar. Corrupção parece ser o único crime de Estado autorizado à penalização (exceto em casos únicos como o da experiência argentina, onde ocorreram dezenas de condenações de criminosos da ditadura).

José Maria Marin iniciou sua carreira política junto com o golpe de 64. Já em 1969, logo após o início do AI-5, tornou-se presidente da Câmara Municipal de São Paulo. Em 1971, virou deputado estadual pela Arena (partido dos militares), um ano após a conquista do tri campeonato mundial de futebol e no mesmo momento em que a ex presidenta Dilma Roussef se encontrava presa, após ser torturada nas dependências do Doi-Codi de São Paulo. Mais tarde, no ano de 1975, Marin cobraria da ditadura a perseguição dos comunistas instalados na televisão pública de São Paulo, a atual TV Cultura. Dentre estes estava Vladimir Herzog.

O dirigente da Fifa e da CBF discursou em favor da cassação dos comunistas, conforme registrado nos documentos da Assembleia Legislativa: "faço um apelo ao governador do Estado: ou jornalista está errado ou está certo. Essa omissão por parte da Secretaria do Estado e do governador não pode persistir. Mais do que nunca é necessário agir para que a tranquilidade reine novamente nesta Casa e, principalmente, nos lares de São Paulo".

Quinze dias depois Vlado compareceu à mesma rua Tutoia, no DOI-CODI, onde tantos brasileiros haviam sido presos, torturados, assassinados e seus corpos desaparecidos. Naquele dia 25 de outubro de 1975, os militares mataram Vladimir Herzog, um dos jornalistas denunciados pelos discursos raivosos de Marin. Não foi engano a defesa e conivência de Marin com a estrutura de tortura no país. Menos de um ano depois, o mesmo deputado da Arena discursava em defesa do delegado torturador Sergio Fleury.

Nas gravações da Assembleia registra-se: "conhecendo seu caráter como eu conheço, não há dúvida de que Sérgio Fleury ama sua profissão; de que Sérgio Fleury se dedica ao máximo, sem medir esforços nem sacrifícios para honrar não apenas a polícia de São Paulo, mas acima de tudo seu título de delegado de polícia. Ele deveria ser uma fonte de orgulho para a população de nossa cidade". Segundo os principais organismos de direitos humanos, é responsável por tortura não somente aquele que aplica choque elétrico em sua vítima indefesa, mas também os que comandam, acobertam, incentivam e são cúmplices deste tipo de ato.

A prisão de José Maria Marin em território estrangeiro não deve alterar em nada a política de impunidade sobre os crimes de agentes do Estado. Mas não deixa de nos chamar a atenção para o descaso em que a questão caiu. O estado de direito no Brasil parece não ter escutado o teor dos relatórios das várias comissões da verdade recentemente em funcionamento. Estes documentos comprovaram a estrutura centralizada de repressão política, mas nenhuma medida de justiça foi tomada a partir deles.

Torço muito para que o país se orgulhe de si e faça justiça sobre os crimes da ditadura; que quebre a lógica da impunidade, a qual mantém a ação criminosa e violenta dos agentes do Estado nas periferias das grandes cidades; que rompa com a falácia da reconciliação nacional, sob a qual se justifica a manutenção de estratégias autoritárias em pleno funcionamento. No entanto, parece que não foram estas as escolhas da sociedade e do Estado.

O USTRA ESTÁ MORTO. VIVA A TORTURA!

Em outubro de 2015, o coronel Carlos Alberto Brilhante Ustra, responsável por tortura, assassinatos e desaparecimentos de corpos teve a finalização das funções de seu corpo físico. Contudo, a máquina de triturar corpos, produzir medo, implantar o terror, agora em meio à democracia, permanece. A tortura enquanto estratégia política de controle, disciplinarização, punição e ameaça mantém suas funções.

No pensamento político inglês do século XVI se estabeleceu a teoria dos dois corpos do Rei. Além do corpo físico e biológico comum a qualquer outro ser humano, o rei possuía um corpo místico, que nunca morria, simbólico e jurídico, indicando as funções de poder do reinado. Se o corpo natural estava exposto à morte, às perversões e à impunidade, o outro corpo definia-se pelas estratégias políticas. Por isto vemos em alguns filmes de época a expressão "O Rei está morto. Viva o Rei!", demonstrando que as estruturas políticas permanecem apesar da morte do corpo físico que executava aquelas atividades próprias às suas engrenagens.

Ele "foi agredido com objeto de choque no pênis, bolsa escrotal, pescoço e perna. Ele também apresentava machucados feitos na região da costela e múltiplas lesões na parte esquerda da nádega e nas coxas".

Não! Isto não é o relato sobre as torturas praticadas pela equipe do coronel Ustra. Esta narrativa de violência contra um corpo físico foi publicada no dia 21 de outubro de 2015, em mídia da grande imprensa. Afonso, a vítima, era acusada de roubar R$ 60,00 em um estabelecimento comercial. Abordado por uma viatura da Polícia Militar, ele passou horas submerso nas conexões desencapadas da máquina de triturar corpos. Sim! Aquela mesma que se mantém viva, apesar da morte do Rei.

Para as máquinas políticas os indivíduos pouco importam. Elas têm funções, estratégias e processos que se efetivam independentemente daqueles humanos que nela atuam. Estes, não passam de simples componentes do conjunto de peças das engrenagens da máquina. Isto não quer dizer, de modo algum, que a responsabilização de indivíduos seja de pouca importância.

O sistema punitivo, talvez tão arcaico e funcional quanto os dois corpos do Rei, se processa especialmente em torno do indivíduo, sendo o castigo sobre seu corpo o exemplo a ser ensinado para o restante do coletivo de corpos formadores de uma sociedade ou população.

A impunidade de Ustra e seus cúmplices, bem como dos policiais torturadores da PM e outros que atuam nos presídios, delegacias, febens etc., corroboram a persistência da eficácia de máquinas as mais distintas. Estas máquinas, suas técnicas e tecnologias de controle e docilização de nossos corpos, não são simples heranças da ditadura. No período em que os militares assumiram o papel de violadores da dignidade humana a institucionalização deste tipo de função atingiu um ponto alto.

Entretanto, quando presenciamos o genocídio de pobres, negros, jovens por parte do Estado, seja por meio da tortura ou de armas de fogo, seja pela fome, miséria e impossibilidade de acesso a serviços de qualidade, se configura a criação e a atualização das máquinas políticas. Não é mais um simples legado. Não é um engano no funcionamento das instituições. Não é uma falha processual das engrenagens. São estratégias políticas de controle social. E das mais perversas.

Se o Ustra sobrevive na tortura do presente e deixa suas marcas no corpo de Afonso é porque as máquinas e estratégias autoritárias permanecem e se atualizam constantemente.

DEMOCRACIA DE SEGURANÇA NACIONAL

AS MARGARIDAS E A PRIMAVERA BRASILEIRA

No dia 17 de agosto de 2011, em Brasília, ocorreu a 4ª Marcha das Margaridas, reunindo 50 mil mulheres do campo em luta por direitos de gênero, das trabalhadoras rurais e por visibilidade na grande mídia para sua condição diferenciada. O ato, centralizado na organização da Confederação Nacional dos Trabalhadores na Agricultura (Contag), contou com o apoio de várias federações e sindicatos de trabalhadores rurais, movimentos de mulheres e feministas, inclusive com a participação de movimentos sociais de países da América Latina.

Entre as principais reivindicações estavam a luta pela reforma agrária, com a atualização dos índices de produtividade na terra; o crédito rural para mulheres; a atenção especial à documentação trabalhista das trabalhadoras rurais para efeito de benefícios previdenciários; e, políticas concretas de combate à violência contra as mulheres.

O nome da manifestação era uma homenagem à história de Margarida Maria Alves, líder sindical assassinada por um pistoleiro, em 12 de agosto de 1983, a mando de usineiros da Paraíba. Margarida foi, durante 12 anos, presidente do Sindicato de Trabalhadores e Trabalhadoras Rurais de Alagoa Grande, a 100 km de João Pessoa. O crime, cometido ainda em período ditatorial, não foi plenamente investigado e os responsáveis gozam da impunidade típica vigente no país.

Este evento, em Brasília, iluminou duas questões fundamentais da democracia: por um lado, trouxe a reflexão sobre a pouca participação política da sociedade civil, especialmente a fraca intervenção dos movimentos sociais nos rumos das políticas públicas; por outro lado, acentuou a grave cultura de violência e impunidade, com destaque para a repressão aos movimentos ligados à questão da terra.

Os movimentos sociais sofreram uma perda de representação e de mobilização desde meados da década de 1990. Fato marcante deste refluxo de ações organizadas foi a greve dos petroleiros, iniciada em 03 de maio de 1995 e que durou 32 dias. À época, sob o governo de FHC, o Estado brasileiro apostou no conflito visando quebrar a capacidade e a vontade política dos sindicatos. Acionou medidas como a intervenção nos sindicatos e o bloqueio de suas contas. Apesar de a maioria dos demitidos terem sido reintegrados, a força dos sindicatos foi refreada. Durante os dois mandatos governamentais sob a presidência de um ex sindicalista, o presidente Lula, o país viu os movimentos sociais serem aos poucos assimilados pela ação do Estado. Nos recentes governos sob a liderança do PT, dificilmente houve um evento na área de direitos humanos que não tenha sido financiado pela Secretaria Nacional de Direitos Humanos da Presidência da República. Paradoxalmente, este apoio trouxe um ganho de acesso ao Estado, mas causou dano à autonomia dos movimentos. A condição produzida empobreceu a pluralidade dos debates na esfera pública e limitou as possibilidades de abertura a novos rumos na política.

A outra faceta da sociedade brasileira iluminada pela Marcha das Margaridas foi a impunidade confirmada pela inoperância do ordenamento jurídico, especialmente quando se trata de crimes políticos ou vinculados à ação dos movimentos sociais. O Brasil foi condenado pela Corte Interamericana de Direitos Humanos da OEA por não ter punido os responsáveis pelos crimes contra a humanidade praticados durante a ditadura militar e por não localizar os restos mortais dos desaparecidos políticos. Boa parte destes desaparecidos estão relacionados com a "Guerrilha do Araguaia", ocorrida no sul do Pará, no início dos anos setenta. Mesma região onde, na atualidade, segundo o MST e a Pastoral da Terra, mais ocorrem crimes como o sofrido por Margarida. Apenas dois corpos de desaparecidos da ditadura foram localizados nesta região por esforço, custo e iniciativa de seus familiares, sem qualquer apoio do Estado.

O quadro nos levou a imaginar que as revoltas no mundo árabe, na Europa e no Chile pudessem fazer eco no Brasil e que as Margaridas fossem o anúncio de uma primavera brasileira. Parece que estas potências ganharam projeção com as revoltas e as manifestações de junho de 2013 e seguintes.

AS MANIFESTAÇÕES E O DISCURSO DA PAZ

Ocorreram, em 2013, as maiores manifestações populares dos últimos anos, fato marcante para as lutas sociais na democracia. Estes acontecimentos ensejaram as mais variadas tentativas de apropriação ou denegação dos movimentos, os quais, a despeito disto, se alastraram por todo o país, alcançando até mesmo os cantos do interior brasileiro.

A partir do momento em que as manifestações ganharam proporções gigantescas a variedade de propostas e denúncias foi enorme, quase tão grande quanto a multiplicidade de subjetividades presentes nos atos. Palavras de ordem e demandas distintas como: "vem pra rua vem, contra o aumento"; "enfia os 20 centavos nos SUS"; "contra a PEC 37"; "contra os gastos abusivos com a Copa do Mundo"; "quando ficar doente leve seu filho a um estádio". Apesar das várias proposições que podiam ser lidas nos cartazes (um dos principais meios de mensagem durante as manifestações), a questão que mobilizou e ganhou o país foi o aumento dos preços das passagens do transporte urbano em face da baixa qualidade do serviço oferecido.

As manifestações se iniciaram com os atos convocados pelo Movimento Passe Livre (MPL), que já havia feito ações semelhantes em anos anteriores. Nas experiências passadas, tal como nestas últimas, a resposta do Estado foi a repressão policial. E foi após a violenta ação da Polícia Militar de São Paulo, no dia 13 de junho, que as grandes concentrações se iniciaram. A partir destes fatos iniciais da revolta de 2013 buscaremos analisar determinado conflito discursivo da democracia.

É significativo que tenha havido a justificativa para a repressão do Estado a partir da violência de "vândalos". Segundo o discurso bélico, expresso via grande mídia, estes "desordeiros", ou queriam desestabilizar os governos, ou não visavam qualquer ação política e, simplesmente, desejavam roubar e prejudicar a vida social. Contra a "violência dos manifestantes" adotou-se, além do gás lacrimogêneo, da bomba de efeito moral e das balas de borracha (às vezes, um cassetete ou tiro de arma de fogo), o discurso da pacificação e da confraternização política dentro dos parâmetros da ordem.

A cena da violência do Estado autorizada para impor a paz e a reconciliação entre os brasileiros (os "verdadeiros", é claro) já nos é velha conhecida. Para não nos estendermos à história do Brasil Colônia e Império, ou mesmo da República, podemos nos referir diretamente à experiência das graves violações de direitos humanos cometidas por agentes públicos durante a ditadura. Sob a justificativa de combate ao comunismo e aos subversivos, os militares organizaram, junto com setores civis, um forte aparato repressivo fundamentado na Doutrina de Segurança Nacional[1].

Nas manifestações pela Tarifa Zero e pelo cancelamento do aumento das passagens, o Estado alegou a necessidade de conter a violência, dos "vândalos" e "desordeiros", para legitimar a violência indiscriminada contra os manifestantes, imprensa e qualquer pessoa que saísse às ruas nos dias e espaços da luta. E quando, estupefatos, uma pluralidade de sujeitos reagiu ao "abuso de violência", os secretários de segurança pública dirigiram-se ao público para reconhecer os excessos e dizer que os casos seriam encaminhados às ouvidorias das polícias. Pouco mais de um ano antes destas manifestações, a mesma "sociedade estupefata" falava de Pinheirinho e da invasão de universidades pela PM.

E, em reação ao violento dia 13 de junho, não só a assustada elite brasileira, por meio de sua grande mídia, mas os principais representantes políticos, desde a Presidência da República, passando por governadores e prefeitos, apelaram para o agressivo discurso da pacificação. Do ponto de vista de um governo de esquerda (Dilma Roussef) perdeu-se a significativa oportunidade de colocar em questão a estrutura repressiva e autoritária do Estado, existente desde sempre, fortalecida com a ditadura militar e, por escolha dos principais partidos políticos e das instituições de governo, mantida e reforçada

1 Durante os anos de Guerra Fria incrementaram-se a substituição das declarações de estados de exceção por políticas de segurança nacional, tornando-as técnica de governo. A Doutrina de Segurança Nacional surge nas Forças Armadas a partir dos contatos com os militares norte americanos, desde as ações da Força Expedicionária Brasileira (FEB) ainda na Segunda Guerra Mundial. Sua elaboração e divulgação em discurso ideológico nacional ficaram sob o mando da Escola Superior de Guerra (ESG), uma das instituições que mais formaram militares para os principais postos de mando na ditadura. De acordo com esta Doutrina, o "inimigo" a ser combatido pelas "forças de segurança" não viria do exterior, invadindo as fronteiras do país. Mas, os "insurgentes" e "subversivos", internos ao território nacional. O perigo à ordem estaria entre "nós".

na democracia. Notável é que funcionava nestes dias de lutas a Comissão Nacional da Verdade, instituição de governo que não chegou nem mesmo a comentar os ataques à cidadania e aos direitos políticos contidos na repressão aos manifestantes.

Houve, nas manifestações, a presença de pequenos grupos visando o ataque material a bancos, guaritas da polícia e prédios relacionados ao poder público (tanto do Executivo, quanto dos Legislativo e Judiciário). Normalmente, identificados como participantes da "tática Black Bloc". O alvo, por vezes, estendia-se ao comércio e à grande imprensa. Não é preciso uma análise profunda para dizer, ainda que possamos questionar os meios, que os alvos indicavam tratar-se de ações políticas anti capitalistas e não de "arruaça".

Mesmo que o pensamento conservador brasileiro tivesse razão em permitir ao Estado o trato destas ações por meio da repressão, a partir do ponto de vista da Constituição liberal, isto não significaria as cenas presenciadas. Estamos falando da ampla utilização das tropas especializadas em violência urbana usadas para reprimir, impedir e destruir o movimento.

Além de tentar esmagar uma das maiores possibilidades de transformação social e política já experimentadas na democracia, o Estado acionou uma zona de anomia na qual não era possível distinguir a lei da sua ausência.

Tratou-se da mais violenta novidade da vida social brasileira. Vimos, por exemplo, durante manifestações em jogos da seleção brasileira milhares de pessoas se deslocando para o entorno de um estádio de futebol com várias sendo espancadas, enquanto outras, mostrando o ingresso na mão, passavam correndo para um canto mais "pacificado" da cidade.

Quem foi violento? Qual o discurso agressivo? O da pacificação das bombas, balas de borracha e prisões ou o da ação política de transformação, via a tomada das ruas e espaços públicos?

As revoltas de junho versus a lógica de governo

Talvez a maior conquista das manifestações de junho de 2013 tenha sido a ampliação da ideia do que seja público por parte dos movimentos e práticas sociais. É impressionante a quantidade de ações ocorridas no país desde então, em qualquer canto, à propósito das mais variadas demandas. Inclusive as conservadoras e de direita.

O atual contexto torna viável a retomada de alguns modos de ponderar sobre a ação política contemporânea fazendo uso das percepções tornadas visíveis pela experiência das manifestações de rua e suas significações.

A relação política entre as ruas, em sua maior parte resultado da ação dos movimentos sociais, e os lugares instituídos de governo, sejam do Estado ou não, parece ser uma classificação interessante para refletirmos sobre a democracia.

Temos, por um lado, a lógica de governo praticada no estado democrático de direito e com duas características principais:

Primeira, com base na ideia de que governar é a ação de condução das ações dos outros e das coisas, se estabeleceu uma dinâmica de cálculos baseados na observação dos fenômenos populacionais e dos fatos a estes eventos relacionados. De posse de uma série de dados e probabilidades, implanta-se políticas públicas de aumento da capacidade de governo dos outros, bem como se ameniza o impacto da vida social a partir da ideia de aumento da produtividade e de cura do sofrimento. No cálculo desta ação de condução, governa-se com a busca da diminuição do risco, gerando determinações que trabalhem dentro de um padrão da média possível e evitando as práticas que namorem com os limites e com a ruptura (a menos que possam ser usadas em favor da arte de governar).

Assim, perante as estatísticas e o conhecimento dos riscos criam-se políticas estabilizantes das práticas sociais, além das quais nada pode ser permitido. A diminuição do sofrimento social encontra-se como um dos principais objetivos desta ação. Não se trata de acabar com as desigualdades, muito menos de simplesmente manter as práticas que causam o sofrimento. Trata-se, antes, de encontrar a estabilidade necessária, diante da qual não haverá ruptura e os sujeitos alvos desta prática se engajem voluntariamente nos processos de "cura" definidos pelo cálculo. O objetivo, contudo, não é a cura, mas chegar a um ponto de equilíbrio entre a patologia social e o risco de ruptura. Neste meio termo os indivíduos são capturados para a produção dos remédios assintomáticos de suas condições.

A segunda característica forte da lógica de governo refere-se ao tempo e ao espaço da política. Ela é dinâmica, na medida em que não está prioritariamente fundada em princípios programáticos, mas em resultados e na capacidade de fazer do governante. Este tempo altera as relações subjetivas e materiais da ação. Seu sujeito encontra-se, de modo geral, dentro das estruturas institucionais autorizadas pela lei para a produção das políticas públicas e a população alvo de sua ação é percebida como objeto ou como sujeito de necessidades. Os indivíduos não são pensados como sujeitos ativos, mas apenas elementos do cálculo, tal como as enchentes, o trânsito, as votações no Legislativo, a distribuição dos lugares e funções de controle. Os lugares fechados, de acesso limitado aos especialistas autorizados a fazer uso do discurso verdadeiro sobre a política, são os preferidos pela lógica de governo. Como se trata de lidar com dados da realidade tão mutáveis quanto é a dinâmica das práticas sociais, a ação de governo tem uma temporalidade veloz. Normalmente, mudando de acordo com a demanda dos acontecimentos.

Em lugar oposto, encontramos um outro modo de agir na política, o qual chamaremos de lógica dos movimentos sociais ou de resistência, e que nos permite uma visualização mais clara de choque e contradição com a lógica de governo (o que não nos impede de observar que os movimentos, ou parte deles, também trabalhem com a condução da vida por eles representadas).

Na ação dos movimentos sociais a questão programática ganha mais destaque, pois a leitura de suas práticas e de sua própria existência a coloca como fundacional. Há a constatação do problema por meio da experimentação da falta. E, especialmente, a solução para suas questões tem o caráter de ruptura e, por vezes, de superação do problema. Não se trata, nesta forma de agir, de diminuir o sofrimento social ou de atingir uma estabilidade sob o custo de transferir para um momento futuro a possibilidade de uma condição de vida diferenciada.

Perceber o dispêndio de 3 a 4 horas diárias em meio a um transporte público de péssima qualidade e que toma cerca de 25% do salário mínimo, permite ao sujeito desta ação saber exatamente o que quer. Diferentemente da característica principal de protestos dos anos 1970 e 1980, voltados contra a ditadura, a carestia e a ausência de direitos, os movimentos sociais contemporâneos, além de indicarem o que não querem e contra o quê lutam, também têm conhecimento direto sobre o que querem. São os sujeitos da ação que produzem seu próprio discurso e determinam em boa medida as suas práticas. E, enquanto sujeitos, têm a noção de ocuparem um outro lugar no cenário político. Não mais como mito (um povo), nem simples "protagonistas" do fazer político (cidadão), mas como um elemento inusitado à democracia representativa do estado de direito.

A lógica para agir dos movimentos sociais bate de frente com a violência do Estado, autorizada pela democracia e legitimada por parcelas conservadoras da sociedade. E, se não há escuta possível, pois o Estado trata esta ação como questão de segurança pública, dentro da velha e ainda operante doutrina de segurança nacional, os movimentos tratam de ocupar ou de expandir o espaço público.

A via das ruas e avenidas, autorizada somente aos carros, passa a ser caminho para a construção de lugares de fala e escuta políticas. Assim, vimos a avenida 23 de maio, clássico espaço reservado na cidade de São Paulo a veículos motorizados, transformar-se em um rio de multidão cujo destino era o próprio caminho que se estava percorrendo. De modo semelhante são elegidos os prédios públicos, símbolos de um controle a ser modificado ou, ao menos, partilhado.

Nesta lógica de ação não é observada a média possível de condução da ação, mas se adota o diagnóstico da inaceitável experiência cotidiana. Sob este olhar, as proposições políticas insistem em algo radicalmente realista e de caráter impossível, no sentido de não autorizado, para o pensamento da estabilidade e do controle.

As manifestações de junho de 2013 e meses seguintes não foram uma grande novidade em termos do que seja o contemporâneo. Contudo, elas imprimiram certas características da ação que permitem o olhar atento ao campo de forças em choque de um modo diferente do tradicional. Este último sustentado pela ação representativa dos sindicatos, entidades gerais de segmentos sociais e partidos. Não é a negação desta velha forma da política, mas a entrada em jogo de modos de ação que aponta para uma maior presença de mecanismos nos quais há um investimento maior na pragmática dos acontecimentos e no próprio processo das lutas.

Diante do conflito entre as duas lógicas, poderíamos dizer que um importante ganho das manifestações foi a quebra do fantasma da governabilidade. Para boa parte dos novos atores de rua, a necessidade de consolidação de uma estrutura política elitizante entra em choque com as práticas livres. As necessidades e urgências do discurso de governo não legitimam mais, para os movimentos de junho de 2013 ou das ocupações das escolas em 2015, as políticas públicas deficientes. Muito menos autorizam o acionamento de pequenos estados de exceção com a justificativa de manter a governabilidade e o caráter estável de um projeto autoritário de democracia.

DEMOCRACIA DE EFEITO MORAL

Cinquenta anos após o Golpe de Estado de 1964, comandado pelos militares e com o apoio dos empresários, latifundiários, de setores da igreja e da grande mídia, era comum ouvirmos o discurso nos movimentos sociais de que se experimentava uma ditadura em plena democracia. Até o golpe institucional contra Dilma Roussef, tal constatação era encarada como uma análise superficial do atual contexto político e social do país. Afinal, ditadura é o regime político no qual se autoriza a tortura, assassinato e desaparecimento de opositores, convive-se com a ausência de direitos, a censura, as cassações e toda sorte de perseguições e violências por parte do Estado. Já a democracia, contrariamente, é o regime de respeito às diferenças, de acesso aos direitos, das políticas de inclusão social e da justiça.

Na história do Brasil, estas diferenças entre a ditadura e a democracia estariam ainda mais evidentes. Apesar de não ter ocorrido uma ruptura profunda que marcasse a transição de um regime a outro, o país viveu a mobilização de milhões de brasileiros para pedir o fim do regime militar durante a campanha das Diretas Já!, construiu uma nova constituição, democrática e com acesso a direitos de vários segmentos específicos, teve durante as últimas décadas, no comando do governo federal três presidentes que foram vítimas diretas do regime militar. Além de todos estes passos em direção à consolidação da democracia, o Estado reconheceu que torturou, matou e desapareceu o corpo de seus opositores, indenizou famílias de vítimas fatais e os perseguidos diretamente atingidos, criou ou recuperou lugares de memória do passado violento e instituiu a Comissão Nacional da Verdade.

Ora, do ponto de vista institucional e do projeto de construção de um regime de cidadania e de participação política, com o reconhecimento de sua história visando que uma ditadura não volte a ser instalada no país, o Brasil parecia ser um modelo de democracia. Somado a isto, pudemos experimentar o desenvolvimento da economia e das políticas sociais na última década, com a inclusão de vários setores ao mundo do consumo e do trabalho e o crescimento da agroindústria, do mercado financeiro e de determinados segmentos do empresariado nacional, além de aporte do Estado em setores estratégicos, como energia e infraestrutura. É claro, dirão os que estão fora da lógica dos movimentos sociais, que havia problemas e conflitos ainda em aberto sobre qual democracia seria a melhor. Mas isto seria parte das contradições constitutivas de uma boa evolução das instituições e do regime político.

Diante deste quadro, por que os movimentos sociais insistiam em relacionar a democracia com a ditadura? Por que não conseguiam entender que esforços estavam sendo feitos no sentido de efetivar direitos e de diminuir as diferenças sociais? Ou ainda que, na medida do possível, os governos procuravam criar as condições necessárias para se evitar as graves violações de direitos humanos assistidas cotidianamente nas periferias, no campo e nas ruas em disputa?

Quanto mais longe dos postos de gestão da vida das populações e dos palácios e escritórios da administração do Estado, quanto mais distante dos centros urbanos e econômicos, e quanto mais próximo das periferias e das classes populares, mais escutávamos os movimentos relacionarem a ditadura com o atual regime político e parecíamos mais próximos dos significados dos 50 anos do Golpe de 1964.

O Brasil vivia uma experiência que, apesar de não ser única no atual mundo globalizado, apresentava-se de forma modelar e com uma eficiência pouco vista em outros lugares do planeta. É como se estivéssemos diante de um laboratório de tecnologia de governo para lidar com os dilemas políticos e sociais no século XXI. Testava-se algo que poderíamos chamar de "democracia de efeito moral".

Aprimorava-se os direitos e as políticas públicas ao mesmo passo em que se aprofundava as diferenças de classe e se articulava uma estratégia autoritária de controle da ação política, seja por meio do investimento nas formas repressivas das polícias e na utilização das Forças Armadas na segurança pública, seja pelas propostas de criação de leis de criminalização dos movimentos sociais sob a ideia de que existem manifestantes pacíficos e outros que são vândalos – para estes, balas de borracha e bombas de efeito moral.

É por isto que nesta democracia se investe em efetivas políticas de inclusão, como as cotas, concomitante à autorização da prática de extermínio dos jovens negros e pobres nas periferias por parte do braço armado do mesmo Estado que produz as políticas sociais.

Passados 50 anos do golpe militar de 1964 se viu uma lógica de governo que apostava na política do possível expressa, no caso das ações de memória acerca da ditadura, pelo bloqueio dos atos de justiça e de efetiva democratização do Estado e de suas instituições. Por outro lado, para os movimentos sociais, o que não deveria ser possível em uma democracia seria a impunidade da tortura sob o argumento de que a anistia, aprovada em 1979 e renovada na Constituição de 1988, seria fruto da "reconciliação nacional", como o fez o Supremo Tribunal Federal em maio de 2010.

Por mais estranho que fosse ouvir a afirmação de que vivíamos uma continuidade entre ditadura e democracia, fazia todo sentido ao discurso dos movimentos sociais que apontava nesta direção. Poderíamos dizer que as primeiras denúncias de golpe contra a democracia foram feitas pelas revoltas de 2013 e pelos movimentos "Não Vai Ter Copa", de 2014.

Não se trata aqui de estabelecer uma indistinção entre democracia e ditadura. Nem mesmo de negar ou desprezar os tímidos avanços conquistados – como são os casos das comissões de indenizações e a da Verdade. Ao contrário, trata-se de termos pleno conhecimento de que sob a superfície do discurso de uma governabilidade consolidada e exemplar, encontramos formas de agir cuja astúcia é serem autoritárias sob um viés democrático. E, tal como um pêndulo, ela pode agir com aparência de uma democracia social, mas, também, em movimento possível somente pela força conseguida quando pendeu para o outro lado, expor suas estratégias conservadoras.

IMPEACHMENT OU GOLPE: ARAPUCA DEMOCRÁTICA

No dia 22 de junho de 2012, o presidente eleito do Paraguai, Fernando Lugo, foi destituído de seu cargo via julgamento realizado pelo

Senado, com trinta e nove votos a favor da cassação, quatro contra e duas abstenções. Em seu lugar, assumiu imediatamente o vice presidente Federico Franco. A sessão ocorreu menos de um dia após a Câmara de Deputados aprovar a abertura do processo e durou cerca de cinco horas. A acusação principal foi a de que o presidente teve "fraco desempenho de suas funções" durante o conflito entre trabalhadores da terra e a polícia, em cumprimento de uma ordem judicial de reintegração de posse. Tal ação ocorreu uma semana antes, no dia 15 de junho, e terminou com a morte de 11 trabalhadores e seis policiais. O presidente deposto alegou, contra a cassação, a ausência do direito à ampla defesa e da presunção de inocência. Curioso que a última acusação, das cinco alegadas[2], foi a crítica à decisão de Lugo em ratificar o Protocolo de Ushuaia II, de dezembro de 2011, que prevê a intervenção externa em caso de quebra da ordem democrática (teria sido uma previsão do que viria a acontecer?).

A cassação do mandato foi chamada sugestivamente de "golpe democrático". A fraca institucionalidade é marca constante na história paraguaia. Em 1989, a ditadura de Alfredo Stroessner, com 35 anos de duração, foi finalizada com um golpe de estado clássico: a quartelada do general Andrés Rodríguez. Em 1996, o general Lino Oviedo, do mesmo Partido Colorado do ditador Stroessner e principal grupo a votar pelo impeachment de Lugo, tentou um golpe. Con-

2 As cinco acusações contra Lugo foram: 1. falta de reação frente à morte dos 11 camponeses e seis policiais no enfrentamento de Curuguaty; 2. autorizar o uso das dependências do Comando de Engenharia das Forças Armadas da Nação, em 2009, para uma manifestação da esquerda; 3. uso de forças militares em favor dos Sem-terra, em 2012, em ação contra fazendeiros; 4. Ausência de uma política eficaz para diminuir a violência, com pouco efetividade no combate ao EPP (sigla do grupo guerrilheiro Exército do Povo Paraguaio); 5. ratificar o Protocolo de Ushuaia II, de dezembro de 2011, que prevê intervenção externa caso uma democracia esteja em perigo. Os deputados acusadores alegaram que "através deste documento, os países vizinhos podem cortar o abastecimento de energia à República do Paraguai".

denado pelo Judiciário, Oviedo permaneceu livre diante da recusa do presidente de então, Raúl Cubas, em cumprir a ordem de prisão. Agora, mediante uma abertura legal e sob a chancela de "julgamento político", o presidente eleito é destituído do cargo em "rito sumário". Impeachment? Golpe de Estado? Foi um ato legal ou romperam com o estado de direito?

A seção VI do Capítulo I da Constituição do Paraguai define a possibilidade de "julgamento político" dos principais cargos da República, incluindo o de presidente. Seus ocupantes podem ser processados "por mal desempenho de suas funções, por delitos cometidos no exercício de seus cargos ou por delitos comuns". Ou seja, tudo que a elite que governa o país, seja nos cargos da República ou no controle da economia e das riquezas, desejar. A Lei nada mais comenta, a não ser que o processo deve ser autorizado por dois terços da Câmara e a condenação votada por mais dois terços do Senado. O golpe está constitucionalmente regulamentado, basta uma "adequada" interpretação dos mecanismos jurídicos e institucionais.

Golpe de estado com verniz "democrático" não é algo totalmente novo na América Latina. Guardadas as proporções e as diferenças históricas e locais, Honduras sofreu da mesma estrutura de aplicação de decisão de algum órgão da República (no caso, a Corte Suprema) para destituir um mandatário eleito. Em Honduras fez-se uso das Forças Armadas. No Paraguai não foi preciso: os aliados de Lugo ou se alinharam à oposição (é o caso do Partido Liberal do atual presidente Franco, que participou da chapa vitoriosa e logo após a eleição rompeu com Lugo), ou não têm força suficiente para esboçar alguma reação mais eficaz.

Tal formato "democrático" do golpe expôs o aspecto autoritário presente nas novas democracias surgidas após as ditaduras. Houve uma onda democratizante dos anos 1980 e 1990, com a suposta inclusão dos sujeitos cidadãos, com a conquista de direitos e a formação de governos de esquerda ou comprometidos com o discurso da democracia.

Entretanto, a ação política nos novos estados de direito vem perdendo sua capacidade transformadora. Diante de diferentes fantasmas – crise econômica, terrorismo, movimentos sociais radicalizados, violência urbana – se tem autorizado uma série de medidas de exceção dentro do estado de direito e sob a legalidade das constituições.

São os casos brasileiros de uso das Forças Armadas nos morros cariocas, da violação de direitos dos adolescentes autores de ato infracional nas Febens e de indivíduos dentro dos presídios, dos abusos nos canteiros de obras das hidrelétricas da região Norte, da matança cultural e material dos índios, da ação violenta e repressiva das polícias militares contra os movimentos sociais e nas periferias das grandes cidades.

Mas no Brasil, como no Paraguai, não é preciso acionar os militares. Os processos de impeachment podem ser, e normalmente o são, atos políticos. Quando a atual ordem democrática se encontra porosa à presença de ações políticas transformadoras ou revoltas, aciona-se mecanismos legais e autoritários, com cheiro e aspecto de golpe, que restituem às velhas estratégias o governo sob a imagem de renovação ou mudança.

Independente de ser com o apoio de militares, ou por meio de cortes supremas, ou ainda, via poderes legislativos ou executivos, haverá sempre uma necessidade maior, se assim entenderem as oligarquias políticas, as velhas e as novas, que autorize as medidas emergenciais e urgentes para sanar os problemas "fantasmagóricos" da democracia.

Parece que vivemos uma armadilha: paradoxalmente, evoluímos para a construção de um regime de registro das mais variadas práticas em direitos, legalizando os conflitos e as relações sociais. Por outro lado, esta mesma disciplinarização da vida por meio das leis e normas tende a estabelecer uma política de segurança. Tal modelo introduz um elemento autoritário nas democracias contemporâneas: o estado de exceção, ou seja, a suspensão dos direitos por meio de um mecanismo interno à própria lei.

A questão que se coloca para os defensores de uma efetiva democracia é: como desarmar esta arapuca?

A LEI ANTI TERROR E O CONTROLE DOS MOVIMENTOS SOCIAIS

Nos últimos anos circulou no Congresso Nacional articulações visando regulamentar o crime de terrorismo disposto no artigo 5º da Constituição Federal. Ao buscar definir o conceito de organização e de ação terrorista, tal como proposto pela Presidência da República sob o governo Dilma Roussef, criou uma espécie de ornitorrinco democrático. Expressão criada pelo sociólogo Francisco de Oliveira, o "ornitorrinco" refere-se a um animal híbrido, improvável na escala evolucionista e que, no caso desta Lei, se apresenta sob a marca liberal e de assimilação das mudanças políticas globais.

Há na ação política, notadamente dos movimentos populares, um aspecto de ruptura com o caráter classista e de controle existente no estado de direito. Não se trata de negar a importância ou o valor emancipacionista dos direitos conquistados em democracia.

Porém, primeiramente, de observar que há uma herança autoritária cuja fonte principal é o legado da ditadura militar instaurada em 1964, mas que vai além e pode ser identificada na estrutura oligárquica, econômica e antidemocrática da ordem política brasileira.

Em segundo lugar, devemos destacar que a ação destes movimentos, na medida em que um dos alvos é a estrutura antidemocrática existente dentro da ordem institucional, tem um óbvio caráter de ruptura inscrito nos objetivos de suas lutas políticas.

Por último, há uma série de direitos conquistados desde a Constituição de 1988 que não são cumpridos, ou por falta de regulamentação, ou pela ação conservadora dos diversos governos do período. Um dos modos de ativar tais direitos, notadamente os sociais, é por meio da pressão junto às autoridades públicas.

Lembremos do exemplo dos movimentos estudantis que nos últimos anos têm ocupado reitorias e instalações universitárias e escolares como modo de colocar em questão as várias relações de poder dentro da estrutura educacional. Se lermos a definição de "violência" do terror, inscritos na Lei, como a ação de pressão dos movimentos de protestos que utilizam em recurso último os piquetes, e aplicarmos a lógica da "invasão" aos atos de ocupação, teremos a possibilidade de criminalização da ação política das lutas sociais. Ainda que possam ser lidas como ações violentas ou radicalizadas, as ocupações estão longe de se configurarem como ato de terrorismo. O mesmo poderia ser utilizado para os movimentos de luta por moradia que têm realizado uma série de ocupações de espaços que poderiam ser interpretados como "instalações públicas ou locais onde funcionem serviços públicos", de acordo com o texto aprovado pelo Congresso Nacional e sancionado pela presidenta Dilma Roussef (março de 2016).

As propostas do governo, em acordo com as "maiorias" no Congresso, apresentam uma "exclusão de crime" ao estabelecer que "o disposto neste artigo não se aplica à conduta individual ou coletiva de pessoas em manifestações políticas, movimentos sociais, sindicais, religiosos, de classe ou de categoria profissional, direcionados por propósitos sociais ou reivindicatórios, visando a contestar, criticar, protestar ou apoiar, com o objetivo de defender direitos, garantias e liberdades constitucionais, sem prejuízo da tipificação penal contida em lei".

Esta possibilidade de "exclusão" nos remete diretamente à crítica contemporânea do acionamento constante de pequenos estados de exceção dentro da ordem democrática.

O estado de direito tem a característica de, cada vez mais e quanto mais for possível, regulamentar ou transformar em lei as práticas sociais. Para tanto, observa-se as regularidades da vida em sociedade, transforma-as em conhecimento científico (vejam que a comissão de trabalho para a elaboração desta Lei consultou apenas profissionais do direito) e, finalmente, em lei. Entretanto, há na sociedade algo que não pode ser capturado pela normalização devido às suas características de imprevisibilidade, de pluralidade e de origem nas opiniões dissonantes: a ação política.

Por ser imprevisível, a política é incluída no ordenamento por meio da autorização ao poder soberano de decidir sobre o excepcional, aquilo que se exclui ao ordenamento. Isto quer dizer que diante do excepcional – leia-se, particularmente, a ação política, aquilo que excede à regra – o soberano não precisa cumprir os procedimentos legais exigidos pelo ordenamento, podendo suspendê-lo em nome da necessidade de proteção da dignidade humana, da sociedade e das instituições do Estado. Como vimos, o improvável pode ser uma greve radicalizada, a ocupação de uma reitoria pelo movimento estudantil, ou ainda algo mais inesperado, manifestações como as de junho de 2013.

Na exclusão de crime de terrorismo encontra-se a estrutura de um pequeno, mas altamente perigoso, estado de exceção. Como vimos, diante do que não foi incluído na lei, temos a decisão transferida ao soberano. Na dúvida sobre a classificação das ações dos movimentos sociais como crime de terrorismo, a decisão sobre se a "conduta individual ou coletiva" foi movida por "propósitos sociais ou reivindicatórios" será de exclusiva competência de um delegado, do Mistério Público e, por fim, de um juiz. Ou ainda, *in loco* nas manifestações de rua, será o comando da Polícia Militar a decidir.

Teremos uma decisão subjetiva, visto que a lei permite a interpretação entre o que é normal ou anormal, entre a definição de crime ou de movimento reivindicatório. O liame de indeterminação entre a ofensa à ordem e a ação política legal, entre o fora e o dentro da lei, pode nos lançar em medidas judiciais de bloqueio ou aniquilamento das ações democráticas de transformação das instituições e da realidade.

Diante de uma ordem pouco democrática, política e economicamente, de um sistema jurídico arcaico, não reformado no retorno à democracia, com um STF que se assemelha a uma corte monarquista, a adoção de uma lei de controle da ação política não estatal estabelece um grave momento de deslocamento em direção a um Estado fascista.

Sob o risco de se criar um ornitorrinco autoritário com verniz liberal e democrático, faceta que tem marcado a história da república brasileira, sela-se uma sentença intimidatória e condenatória aos movimentos de resistência e de protesto.

No rolezinho do espaço público

O ano de 2014 iniciou-se sob a promessa de ser pleno de lutas e profundas movimentações políticas. Com a herança das manifestações de junho de 2013, a expectativa de realização da Copa do Mundo no "país do futebol" e das eleições para Presidência, governos dos estados e Congresso Nacional convidavam o Brasil e a sua jovem democracia a experimentarem um ano dos mais agitados se tomarmos esta palavra como sinônimo de relações conflituosas e dinâmicas em torno das questões que tocam o cotidiano.

Sob este pano de fundo, o *rolezinho* tomou as principais manchetes da mídia tradicional, das redes sociais e dos espaços alternativos de debates públicos. Há vários anos realizado como modo de encontro e lazer pelos jovens da periferia, o *rolezinho* ganhou uma conotação política ao ser inserido entre as questões que giram em torno da contestação e da ocupação dos espaços urbanos. Como uma espécie de sequência das manifestações do ano anterior, este tipo de movimentação alimentou os debates sobre o modo como os governos democráticos lidam com as imprevisibilidades de ações que funcionam como momentos criativos e de experimentação de práticas livres, em meio a uma sociedade dedicada ao controle e à disciplinarização dos corpos.

É fato que os *rolezinhos* em shoppings estão muito mais ligados, no imaginário de seus participantes, a uma demanda por inserção em um mundo de consumo e de realização de desejos distantes aos moradores das periferias das grandes cidades. Diferente das manifestações de junho de 2013, não há uma pauta de reivindicações e nem mesmo a escolha de um inimigo imediato a ser alvejado para a conquista de suas demandas. A galera quer apenas habitar um espaço de lazer, com ar fresco em pleno verão escaldante e encontrar gente legal e disposta a se conhecerem.

Entretanto, uma democracia com um forte legado autoritário tende a ver a reunião de pessoas pobres, da periferia, que não têm a posse de propriedades, como algo perigoso e sem sentido. Quando pessoas de direita bradam "deixem os clientes dos shoppings em paz", nada mais expressam que a postura conservadora de parte da sociedade brasileira que se encontra feliz e realizada com a atual condição social e política do mundo. Interessa a estes manter ou aumentar suas posses e sua reação é o apoio à imediata repressão, novamente da Polícia Militar, contra os jovens dos *rolezinhos*. Cena bizarra nas entradas de shoppings: bala de borracha, bomba de gás, cassetete, revista e decisão sobre quem é "vândalo" e quem é o verdadeiro consumidor.

A lógica da governabilidade, a razão política da democracia, não pode e não tem como lidar e controlar a ação política em sua plenitude e contingência. A imprevisibilidade e a criatividade destas ações seguem as manifestações de junho de 2013 ao contestarem o lugar que devemos ocupar e o modo de sermos. Os governos sabem, e com grande desenvoltura, lidar com os acordos palacianos, com a distribuição de cargos e as decisões tomadas sob a escuta das previsíveis elites e oligarquias políticas. Mas, com as ruas e os modos cada vez mais inusitados como são ocupadas, a racionalidade de governo está habituada a acionar a violência de Estado.

Não eram de direita, não eram representantes de forças ocultas, não eram fantasmas, não eram contra os direitos sociais e seus programas de inclusão, não eram contra este ou aquele candidato, ou um ou outro partido. Os jovens dos *rolezinhos*, os manifestantes de junho de 2013, os ativistas do movimento "Não vai ter Copa", eram resistentes agindo contra o modo como tradicionalmente o país dispõe de nossas terras, ruas, espaços públicos, riquezas e instituições.

SEGURANÇA PÚBLICA ENQUANTO QUESTÃO POLÍTICA

Constantemente assistimos à repetição de um forte discurso de alerta sobre a violência urbana, gerando o medo e a necessidade de medidas "fortes" para conter a situação de insegurança vivida nas grandes cidades. Reduzir a idade penal para conter a presença dos adolescentes no crime; encarceramento em massa da população com aumento das penas; aquisição de armamentos novos e mais eficazes para as polícias militares; investimento em tecnologia de vigilância da população; criação de batalhão de policiais treinados para impedir manifestações de rua; uso de forças armadas no patrulhamento de espaços civis precarizados pela ausência do Estado.

Não há dúvida de que a população considerada vítima, de fato, sofra com a ocorrência constante de crimes, dos mais corriqueiros e leves aos mais trágicos e horríveis. E, nesta sociedade agressivamente machista, especialmente as mulheres têm sido alvo da aparente desordem nas cidades.

Contudo, há a produção de eficientes máquinas de controle social fundamentadas no discurso da violência urbana e na legitimação de políticas de uso da força na segurança pública, o que tem alimentado uma violência desmedida e histórica por parte de agentes do Estado. Ano após ano, em continuidade à lógica de combate ao inimigo interno institucionalizada durante a ditadura, pela doutrina de segurança nacional, o estado de direito não tem obtido resultados positivos no incremento da capacidade de uso da força por parte dos equipamentos de segurança pública. Além de pouco modificar o quadro de vida vulnerável dos grandes centros urbanos, as informações publicizadas indicam o aumento constante da violação de direitos por parte dos aparatos e agentes do Estado. Com destaque para o crescimento das cifras de brasileiros assassinados por ações de instituições de segurança.

São chacinas operadas por policiais e com apurações muito lentas, para não dizer inexistentes, pelos órgãos de Justiça. A autorização da ação violenta nas periferias contra os jovens atingiu seu ápice de legitimação com a discussão e aprovação parcial na Câmara Federal da redução da maioridade penal (outubro de 2015). Seu efeito já é sentido. Não é preciso tornar-se lei a definição social e biológica do "inimigo", mas é suficiente que o discurso social e das instituições assim o considerem.

Assemelha-se à esquizofrenia, mas é altamente normatizador e efetivo: quanto mais o Estado é violento, mais o quadro social se apresenta como de crise produzida pela violência urbana e mais se autoriza o investimento na capacidade de uso da violência por parte das políticas de segurança pública. Parece-nos que tal quadro não é o resultado de falhas ou má execução na gestão. Ao contrário, há neste processo a eficaz produção de uma sociedade de controle, disciplinamento e punição, produzindo o cidadão domesticado e manso, para que assim ele seja ainda mais produtivo, sem tomar em suas mãos a própria potência de agir. Do ponto de vista da eficácia desta política de segurança pública é mais importante uma situação de violência urbana do que a de relações harmoniosas e ordeiras.

Há um cálculo na aplicação da força por parte do Estado que fornece à sua ação um aspecto teatral e espetacular com o objetivo de produzir essencialmente dois efeitos práticos:

O primeiro, seria a disseminação do terror, mobilizando uma opinião pública com a sensação de vulnerabilidade e alimentando o jogo do medo mantido pelo Estado e amplamente difundido em programas de TV. Neste contexto, pouco importa se as polícias têm a imagem de eficientes ou de serem completamente desestruturadas.

O segundo efeito é o de mostrar para a população que a força aplicada será sempre que necessário acima da legalidade. Nesta prática de segurança pública a lei funciona como um parâmetro de medida da violência vinda dos agentes do Estado, o qual será ultrapassado para aqueles que saírem da normalidade social e política. Desta forma, a lei se aplica a quem segue à ordem. Ao outro, fora da ordem, seja plenamente ou em algum aspecto específico, dispara-se o estado de exceção.

Exemplo trágico deste modelo foram as chacinas de Osasco e Carapicuíba, no segundo semestre de 2015, provavelmente realizadas por policiais agindo no formato dos antigos esquadrões da morte dos anos 1970 e contando com a impunidade – resultado da conivência das ouvidorias, da própria polícia e do judiciário com os crimes do Estado. Se a grande mídia tenta colar a ideia de um evento abusivo por parte de alguns policiais e não da instituição, a modificação da cena dos crimes e de destruição de provas praticadas por policiais que atenderam às ocorrências mostra a cumplicidade do *modus operandi* com o sistema das chacinas

Segundo recente relatório da ONU (de outubro de 2015), ocorre no país uma política sistemática de "limpeza" dos centros urbanos sob a aparente justificativa de preparar as cidades para os megaeventos esportivos (Copa do Mundo e Olimpíadas). A demora e os recorrentes "erros" nos procedimentos de apuração estão produzindo o terreno para que não se coloque em risco a política de segurança.

Cria-se o cidadão de bem, pacífico, trabalhador (ou proprietário) e ordeiro. E o vagabundo, vândalo, louco, drogado, arruaceiro, o indivíduo fora das bordas delimitam o possível autorizado pela ordem. Com a combinação do jogo do medo com a percepção de uma força acima das leis, a segurança pública em prática no país demonstra que o aparato jurídico e de direitos é insuficiente para proteger os indivíduos. Talvez nem mesmo seja esta a função da lei.

É por estas razões que campanhas pela diminuição da maioridade penal ou pelo recrudescimento das leis são vitoriosas mesmo quando não atingem seu objetivo aparente e discursivo. Não é necessário alterar a menoridade ou aumentar a pena por determinado crime, pois a pauta conservadora de seus debates já alimentou o imaginário e legitimou a ação violenta e violadora por parte do Estado.

Esta ação não parece ser um engano ou falha do estado de direito, mas a política de uma sociedade do controle e de bloqueio das potências criativas e transformadoras.

VELHOS PACTOS E NOVAS ESTRATÉGIAS AUTORITÁRIAS

Nas eleições presidenciais de 2014 vimos o anúncio da candidata à presidente da República, Marina Silva, de opinião favorável à manutenção da interpretação de que a Lei de Anistia de 1979 tornou inimputáveis os agentes do Estado que violaram os direitos humanos durante a ditadura. Em novembro de 2008, por meio de artigo publicado em jornal de circulação nacional, a mesma candidata defendeu o oposto: "a tortura é crime hediondo, não é ato político nem contingência histórica. Não lhe cabe o manto da Lei de Anistia. À justiça aqueles que, por decisão individual e intransferível, utilizaram esse instrumento torpe".[3]

A mudança de opinião não surpreende. Quando surgiu a possibilidade desta candidata vencer as eleições, seu programa político começou a sofrer remendos de governabilidade. Deixou de condenar a homofobia e de defender o direito ao casamento homoafetivo; mudou de posição sobre a energia nuclear e aproximou-se de antigos

3 Marina Silva. Nunca, nunca mais. In: *Folha de S. Paulo*, de 03 de novembro de 2008, p. 2.

agroadversários. Nada disto lhe era exclusivo, pois, as três principais candidaturas – Marina Silva, Dilma Roussef e Aécio Neves – ao cargo de presidente concordavam, é certo que com discursos diferenciados, em não modificar a atual interpretação da Anistia de 79.

É certo que tacitamente o surgimento da Lei de Anistia em fins de 1979 deu àquele período um certo aspecto de acordo, ainda que imposto por inúmeros mecanismos de controle e repressão. Os comitês pela anistia haviam mobilizado milhares de pessoas país afora em favor da anistia aos presos e da responsabilização dos crimes, bem como pela localização dos desaparecidos. A Lei, desta forma, aparentava ser um primeiro passo nestes caminhos. Os exilados voltaram, parte dos presos foram soltos (permaneceram na cadeia os opositores envolvidos com a resistência armada ao regime ditatorial) e, logo após, houve uma pequena liberalização da organização partidária.

A chamada "redemocratização" envolvia lentas aberturas políticas convivendo com os velhos mecanismos de controle e repressão. Em todos os passos da redemocratização – Diretas Já!, Colégio Eleitoral, Congresso Constituinte, primeira eleição direta para presidente, entre outros – o tema da responsabilização jurídica, moral e, especialmente, política com relação aos crimes da ditadura foi silenciado, fossem quais fossem os atores em cena.

Nos anos seguintes, todos os governos democráticos, sem exceção, eleitos já sob a nova Constituição, mantiveram de algum modo o velho pacto. Alguns fizeram leis de indenização, outros avançaram mais ao criarem a Comissão Nacional da Verdade e mudarem a lei de acesso à informação. Porém, ainda que aspectos morais, jurídicos e históricos sobre a ditadura passassem a ser acessados pelas novas gerações e pelas instituições do estado de direito, a responsabilização política pelos malefícios da grave ditadura vivida no país foi escamoteada e, paradoxalmente, de modo cada vez mais descarado e também mais astuto.

O Estado brasileiro mantém o silêncio sobre a responsabilização política, seja no não cumprimento da sentença da Corte Interamericana de Direitos Humanos – que exige a localização dos corpos desaparecidos e a responsabilização penal –, seja na absurda negação de informações por parte das Forças Armadas, órgão do Estado comandado por um Ministério da Defesa civil desde os anos 90.

O Congresso Nacional recusa-se a apreciar o projeto da deputada Luiza Erundina determinando a reinterpretação da Lei de Anistia e, na ocasião de aprovação, por acordo de líderes, da Lei que criou a CNV, repetiu o discurso oficial do antigo pacto fundado na extorquida "reconciliação nacional".

Citamos apenas algumas ocorrências para deixar evidente que os pactos, tanto o de silêncio sobre a responsabilização política acerca da ditadura, quanto sobre o casamento homoafetivo, as formas agressivas de ocupação do solo no país, entre outros, apesar de antigos, não são de fato "velhos".

Os pactos renovados sob a égide da governabilidade traduzem a pobreza da experiência política das instituições da democracia. Nas casas e ruas as pessoas se amam e vivem juntas independente de sua condição biológica ou as cidades e a política estão sujeitas à transformação a partir da luta conjunta das várias formas de existência já conhecidas ou que estão sendo criadas cotidianamente. Já as instituições, leis e pactos se mantém retrógrados e se renovam somente em seu conservadorismo.

Se há nas experimentações da vida e do social uma linguagem corporal, física, política em constante e plena inovação, há um discurso e uma ação convencional, pobre e conservadora que visa justamente exercer a função pragmática de controle das novas subjetividades e transformações.

Condenar politicamente as violações do passado seria o mesmo que censurar a presença de tropas estacionadas nas periferias de importantes cidades do país; seria desmilitarizar a polícia e acabar com este quarto poder da República; seria um ataque profundo na repetição insana da tortura nas dependências policiais e carcerárias; seria coibir a impunidade dos agentes do Estado; seria condenar a repressão aos movimentos sociais.

A velha política defende os novos pactos investidos de antigos discursos legitimados pelo processo político da transição controlada da ditadura para a democracia.

FRAGMENTO 1

O GOLPE JÁ VINHA SENDO APLICADO

Passando pela avenida Paulista nos dias de agressividade e conservadorismos que antecederam o golpe institucional contra Dilma Roussef vi a Polícia Militar de São Paulo fechando as vias, nos dois sentidos, enquanto duas ou três dezenas de pessoas estavam sobre o asfalto. A mesma PM que espanca, joga bombas e dá tiros (de bala de borracha e, por vezes, outras balas) nos alunos da rede pública ou no MPL. Na rede Globo e em outros meios de comunicação da grande mídia convocava-se os manifestantes verde amarelos para a ocupação. Estas ações desproporcionais e diferenciadas denotavam o momento alto das estratégias autoritárias em curso no país faz alguns anos.

Se levarmos em conta a ação do Estado diante do que não é em princípio do campo da política, a situação fica ainda mais grave. Nas últimas duas décadas, conforme dados das próprias instituições de segurança pública, o incremento do estado policial, portanto violento, apresenta números assustadores e crescentes de homicídios, violações de direitos nas instituições de "segurança" e aprimoramento das tecnologias de controle. Em especial nas periferias das grandes cidades e contra as pessoas pobres, negras e não "domesticadas".

Não é de hoje que a repressão aos movimentos sociais acontece. Os depoimentos coercitivos e prisões arbitrárias são a normalidade ao menos desde junho de 2013. Durante o movimento "Não vai ter Copa", rechaçado pelos maiores partidos do país, os ativistas carregavam cartazes com os dizeres "Ditadura Não". Por certo eles sabiam que estávamos em um estado de direito. Porém, também tinham conhecimento, por experiência própria, de que medidas autoritárias estavam em pleno funcionamento.

Destaco a data de junho de 2013 por ter sido um momento no qual as forças de esquerda presentes nos governos se calaram, em parte significativa, diante da escalada de repressão policial e jurídica. Antes, havia já a ação de controle e bloqueio da ação política. "Pinheirinho" foi um fato histórico que evidenciou a situação. Contudo, até então, a denúncia e a resistência alcançavam também alguns setores das instituições de governo e a ampla presença dos movimentos sociais.

Isto me leva a pensar se o golpe contra uma democracia efetiva já não havia sido dado ou, ao menos, iniciado.

Não há dúvidas de que ocorreu um golpe contra o governo liderado pelo PT. A articulação do juiz Moro, com a grande mídia e os partidos e governos da oposição se iniciou já com a recusa da derrota nas urnas, em 2014, e foi se intensificando com a suspensão das regras previstas para o jogo democrático.

Contudo, o golpe contra a democracia já estava em curso. Muito provável que fora estrategicamente incluído, enquanto possibilidade, nos passos originários da transição da ditadura para a democracia. Os mesmos passos do pacto de impunidade em relação aos torturadores da ditadura, cuja função não foi alterada por nenhum dos governos civis da democracia.

Tal como a figura de um fantasma, o perigo iminente de um golpe teve efeito, desde a transição, ao produzir o medo da volta ao passado, de um instante para o outro. Serviu como o espectro cujas estratégias ou funções encontravam-se na impossibilidade de que se dessem passos além daqueles que as instituições consideravam possíveis.

Limitando as potências da ação transformadora, em especial a dos movimentos sociais, esta estrutura atuou na produção de subjetividades não só sobre os indivíduos, como também nas organizações do estado de direito – incluindo os partidos –, conformando uma razão política "pacificadora". Se as estratégias se originavam nesta "razão", operando por meio de significados, na maior parte das vezes fantasmagóricos, o suporte sobre o qual a função era constantemente ativada foram os seus sujeitos.

O consenso da razão pacificadora dos conflitos violentos do passado e dos seus fantasmas no presente gerou o normal no lugar do comum e, na conta final, foram excluídos os restos, as sobras, o dissonante, a diferença – tudo o que seria considerado como anormal, fora da ordem, vândalo, não pacífico.

Diante das tramoias para a derrubada do governo eleito, dentro das brechas de exceção contidas no estado de direito, se expôs como nunca antes a falência os contratos e do modelo do consenso. Se a crise indicava o fim do modelo, nos mostrava também que a busca por uma saída conservadora largava na frente e se apresentava com mais força. Esta vinha alimentada por anos ou décadas de uma lógica de governo cuja astúcia foi silenciar o diálogo por meio dos próprios sujeitos que deveriam estar à mesa de conversações, sob o medo de que o pior estaria à espreita. Assim, para estes sujeitos, melhor seria o menos pior do que o fantasma. Era o que dizia a "relação de forças".

Se em algum momento do passado recente esta lógica tinha lá suas razões de convencimento, penso que não poderíamos ter sucumbido à alienação resultantes de discursos envelhecidos, quando as experiências dos conflitos contemporâneos começaram a queimar as ruas.

É de causar profunda tristeza ver que a adoção da lógica da governabilidade jogou sonhos de esquerda ou, ao menos, de um país mais democrático, nos colos da turba raivosa, violenta e conservadora.

Desta vez, não bastará repetir uma palavra vazia de significados. Será preciso incluirmos os sentidos de uma democracia radical, dos que não possuem, da distribuição de riquezas, do respeito e do direito à manifestação e à organização, contra o estado de segurança, controlador e policial. Enriquecer cada vivência e experimentação política, social e cultural, alimentando os processos de criação, das práticas livres e do amplo diálogo. Sempre com prudência, como tempos difíceis exigem, mas sem jamais abandonar a radicalidade e a paixão.

FRAGMENTO 2

DEMOCRACIA DE SEGURANÇA E O GOLPE DE 2016

O processo de impeachment da presidenta Dilma Roussef, com as características de golpe institucional, indicou uma saída conservadora para o momento crítico. Faremos neste texto um esforço para refletir sobre uma ideia amplamente divulgada: a de aproximação entre os acontecimentos do golpe de 1964 e o de 2016. Apesar das diferenças, a começar pelos contextos históricos específicos, ambos pareceram ter pelo menos um ponto fundamental em comum: acionaram estratégias e mecanismos autoritários para silenciar os movimentos sociais, bloquear o ímpeto das ruas por transformações e docilizar ou anular as revoltas.

Em 1964, o golpe foi em torno de uma disputa pelo Estado, cindido pelos tremores causados pela Guerra Fria. No país, o conflito redundava em pelo menos duas visões em torno do regime político: democracia participativa ou ditadura de segurança nacional. A primeira opção, gravitando em torno do governo do presidente João Goulart, propiciava um cenário de certa liberdade de organização e de debate político alimentando a articulação de novos movimentos sociais. Muitos deles inspirados nas lutas libertárias e revolucionárias, em especial as da revolução cubana.

Em oposição, a contra revolução era conduzida pelos militares e segmentos dominantes tradicionais, sustentados, em vários sentidos, pelo bloco norte americano e capitalista. Rasgou-se a Constituição democrática de 1946 e instaurou-se um dos períodos de maior repressão política na história (cerca de vinte mil pessoas foram presas somente no primeiro mês após o Golpe). Daí em diante se estabelece a ditadura civil militar, com centenas de mortos e desaparecidos, milhares de presos e torturados, cassação, censura, exilados e com grande impacto no cotidiano do país. No aspecto da repressão política, o alvo foi a destruição dos líderes políticos e movimentos sociais. Na esfera do controle social, se fortaleceram as subjetivações conservadoras e um regime de produção de novos sujeitos universais, dóceis e alienados de suas existências.

No golpe de 2016, o país se encontrava diante de uma crise de governo. Parecia se tratar de uma crise do modelo da governabilidade de consenso. Fruto de uma suposta reconciliação nacional, a democracia nasceu da transição controlada pelos militares e pelas elites políticas e econômicas. Desde o surgimento do estado de direito, consolidado com a Constituição aprovada em 1988, até os eventos do golpe contra Dilma Roussef, o conflito entre esquerda e direita ocorria dentro dos limites da lógica de governo – uma racionalidade política fundante e fundada, no Brasil, na ordem instituída nos pactos e acordos da transição.

Com a revolta popular de junho de 2013, se desconcertou e enfraqueceu os setores que administravam a governabilidade. Momento em que as estratégias autoritárias, sempre buscando conduzir os processos institucionais, acionaram os dispositivos de segurança.

Considerando a crise como uma oportunidade, fizeram uso da realidade e das forças das ruas. De posse de um discurso conservador, bélico e histórico, a direita tornou-se referência para os protestos de rua. A disputa, naquele momento, girava em torno da ocupação dos territórios das lutas políticas.

A esquerda, em boa parte capturada pela lógica de governo ou ainda surpreendida com o ineditismo dos acontecimentos, colocou-se no lugar de defensora da ordem instituída nos anos 80. Com isto, procurou se fiar como o setor capaz de conduzir os processos políticos, de modo a conciliar interesses diversos e suas contradições em um único governo (algo que vinha fazendo com maestria antes da crise explodir nas ruas). A direita, derrotada nas urnas, mas de posse da performance e dos territórios tradicionalmente de esquerda, tratou de montar a estrutura de um golpe institucional. Era fundamental anular ou limitar as revoltas e qualquer possibilidade de ruptura.

Parece-nos que a democracia surgida no Brasil pós ditadura foi marcada em suas origens, fato que repercute em seu funcionamento ao longo do tempo, por dois discursos principais fundantes de sua legitimação. Por um lado, um discurso jurídico político do tipo soberano, totalizante e apostando na produção de um sujeito universal, o brasileiro, cujas subjetivações circulariam em torno da cordialidade, orgulho, felicidade, nacionalismo moderado e liberalismo político, entre outras características mais específicas do momento e do lugar. Por outro lado, há o discurso bélico, da sociedade cindida, reconciliada forçosamente para evitar o pior; das subjetivações que se suportam, mas, até por isto, se odeiam, e cujas relações seriam histórica e violentamente binárias. Se o primeiro discurso se "unifica" no sujeito "brasileiro", o segundo divide drasticamente esta subjetividade.

Entretanto, no laboratório de experimentações de formas de vida do país foi justamente a junção dos dois discursos, aparentemente contraditórios, que produziu maiores e mais fortes efeitos de poder para o novo regime democrático. Se o bélico produziu a sociedade dividida, o processo de transição logo tratou de fabricar o discurso da reconciliação e do consenso. Pela lógica da diminuição do risco, com a clássica fórmula de se evitar os extremos, reuniu-se os elementos que orbitavam mais ao centro e, sob a astúcia da racionalidade política, excluiu-se os restos não pacificados.

É neste ponto do experimento da democracia brasileira que se fundem os dois discursos. Junto à narrativa de construção do estado democrático, soberano, centralizado, dos direitos e da justiça social, formado pelos "brasileiros", encontra-se, franco e atuante, ainda que silencioso e rasteiro, o discurso do conflito, do inimigo, das lutas que continuam, que permanecem enquanto constitutivas da existência do país. Os vivas à democracia, ao estado de direito, à Constituição, às leis e à ordem, cohabitam com o ódio ao outro, o racismo violento, o preconceito contra o nordestino, as homo trans lesbo fobias, o machismo, a criminalização da militância política. Enfim, a ideia de sermos um único sujeito, alegre e complacente, habita e, mais do que isto, somente existe em sintonia, choque e aliança com a subjetividade do ódio, da diferença não tolerada, da consideração do outro, o "estranho", como aquele que não é "nós".

Desta forma, em junho de 2013 e em outros momentos de conflito fora da média da política do possível (secundaristas, atos contra o aumento de passagens, "Não vai ter Copa", "Fora Temer"), combina-se a repressão policial com a produção do "inimigo" e o elogio de um poder higienizante – digo, "pacificador". São os dispositivos de segurança.

Bom exemplo é a ação do "espião" do Exército brasileiro infiltrado entre jovens durante uma manifestação pelo "Fora Temer", em agosto de 2016 na cidade de São Paulo. Não se tratava de prender os líderes ou de desmantelar a organização, como ocorria na ditadura. Mas, de causar o pânico da "infiltração" entre os ativistas, e, perante a opinião pública, de produzir a imagem dos manifestantes como "vândalos".

Desta forma, no recente ataque contra a democracia, consolidou-se um processo de pequenos e constantes golpes contra os movimentos e as lutas políticas. Para reestruturar os pactos de governo da democracia, o nó entre o discurso jurídico e o bélico se cindiu, se investiu na ideia do inimigo e alimentou-se o conflito binário para justificar a avalanche de medidas autoritárias e de mecanismos de controle.

Alameda nas redes sociais:

Site: www.alamedaeditorial.com.br
Facebook.com/alamedaeditorial/
Twitter.com/editoraalameda
Instagram.com/editora_alameda/

Esta obra foi impressa em São Paulo no verão de 2018. No texto foi utilizada a fonte Electra LH em corpo 10,25 e entrelinha de 15 pontos.